Bernd Wildenmann   Führungsnachwuchs auf dem Sprung
Peter von der Heydt

Bernd Wildenmann
Peter von der Heydt

Führungsnachwuchs auf dem Sprung

Wie Sie Ihr Unternehmen nachhaltig zukunftsfähig machen.

Ein Fallbericht über 18 Monate.

Unter Mitarbeit von Rolf Th. Stiefel

Autorenteam:
Carsten Ahaus
Manfred Cordsmeier
Peter Csontos
Brigitte Gosau
Konrad Hallhuber
Robert Hambitzer
Gero von Kietzell
Markus Kruber
Gabriele Rohde
Wolfgang Schmidt
Andreas Stütz
Stephanie Weiß
Helmut Wittke

Luchterhand

Die Deutsche Bibliothek – CIP-Einheitsaufnahme

Wildenmann, Bernd:
Führungsnachwuchs auf dem Sprung: wie Sie Ihr Unternehmen nachhaltig zukunftsfähig machen; ein Fallbericht über 18 Monate / Bernd Wildenmann ; Peter von der Heydt. Unter Mitarb. von Rolf Th. Stiefel, Autorenteam: Carsten Ahaus . . . –
Neuwied ; Kriftel : Luchterhand, 2000
   ISBN 3-472-04408-X

Alle Rechte vorbehalten.
© 2000 by Hermann Luchterhand Verlag GmbH, Neuwied, Kriftel.
Das Werk einschließlich aller seiner Teile ist urheberrechtlich geschützt. Jede Verwertung außerhalb der engen Grenzen des Urheberrechtsgesetzes ist ohne Zustimmung des Verlages unzulässig und strafbar. Das gilt insbesondere für Vervielfältigungen, Übersetzungen, Mikroverfilmungen und die Einspeicherung und Verarbeitung in elektronischen Systemen.
Umschlaggestaltung: GraphicDesign, Reckels & Schneider-Reckels, Wiesbaden
Lektorat: Reiner Straub, Jana Psenicka
Satz: Satz- und Verlags-Gesellschaft mbH, Darmstadt.
Druck und Verarbeitung: Wilhelm & Adam, Heusenstamm
Printed in Germany, August 2000

Gedruckt auf säurefreiem, alterungsbeständigem und chlorfreien Papier

Inhaltsverzeichnis

Vorwort IX

A Theoretische Grundlagen 1

I. Inhalte und Gestaltungsmerkmale eines unternehmensweiten Nachwuchsentwicklungsprogrammes
Von Dr. Bernd Wildenmann 3

    1   Bedeutung der Nachwuchsförderung für das Unternehmen 3

    2   Gestaltungsideen für den Aufbau von Nachwuchsentwicklungsprogrammen 4
    2.1 Erweiterung der intellektuell kognitiven Wissensbasis. . . . 4
    2.2 Erweiterung der Kompetenz im Bereich der sozialen Fähigkeiten 5
    2.3 Erweiterung der Kompetenz im Bereich der Persönlichkeit 6
    2.4 Das Lernen der Teilnehmer soll sich am Erfahrungslernen ausrichten 6
    2.5 Rotationssysteme zur Gewinnung neuer Managementerfahrungen 7
    2.6 Das Projektlernen als Provokation von Lernsituationen mit hohem Integritätsgrad 8

    3   Die konkrete Ausgestaltung des Nachwuchsentwicklungsprogramms 10

    4   Das Leadership-Modell 22
    4.1 Leadership-Kennzeichen 24
    4.2 Leadership-Basics 28
    4.3 Leadership-Kompetenzen 33

    5   Zusammenfassung 44

II. Förderungsprogramme als Instrument der personellen Zukunftssicherung
Von Dr. Rolf Th. Stiefel 45

1	Begriff, Stellenwert und Bedeutung der Förderung in der betrieblichen Personalentwicklung	45
2	Warum die »richtige« Gestaltung von Förderungsmaßnahmen so wichtig ist	47
3	Design-Aspekte und Design-Konzepte in der Förderung .	49
3.1	Vier Modelle der Führungskräfteförderung	49
3.2	Tendenzen bei der Gestaltung von Förderungsprogrammen	52
3.3	Das multiple Strang-Konzept als Design-Hilfe	53
3.4	Förderungsarbeit als Gestaltung von drei Teilsystemen ..	59
3.5	Leitsätze zur Förderung von Führungsnachwuchs und Führungskräften	63

B Umsetzung in die Praxis 67

1	Kick-Off Bad Breisig 1998: Die etwas andere Führungstagung .	69
1.1	Die Aktivitäten der ersten Kerngruppe	70
1.2	Wie der Kick-Off Gestalt annahm	72
1.3	Der Tag der Entscheidung	80
1.4	Das letzte Geheimnis	84
2	Service-Auftrag umsetzen, aber wie?	88
2.1	Die Idee	88
2.2	Planung und Durchführung der Kundenbefragung und deren Ergebnisse	89
3	Die Mitarbeiter kommen zu Wort	94
3.1	Das Konzept	94
3.2	Der Ablauf	96
4	Benchmarking – Gut, dass wir verglichen haben!	98
5	Gesagt – Getan! Die Ideen des Kick-Off werden realisiert	103
6	Nie wieder die Frage: Kunde – was ist das?	122
6.1	Gemeinsam sind wir stark	123
6.2	Fehler machen ist nicht schwer	124
6.3	Nobody is perfect	125
6.4	Wer aus Fehlern nichts lernt, lernt nichts	127

C	**Erkenntnisse aus der Projektarbeit**	129
1	Das merkwürdige Kommunikationsverhalten ungläubiger Banker zur JUMP-Zeit. Ein Erlebnisbericht	131
	1.1 Das Aufbegehren der »Vergessenen«	132
	1.2 Das Kick-Off – Kommunikation ohne Grenzen?	134
	1.3 Der JUMP-Express	135
	1.4 Nach Bad Breisig – die hohe Kunst der Kommunikation	136
	1.5 Die Workshop-Phase	138
	1.6 Und wie geht es uns Jumpern heute?	140
2	Service – In Search of Excellence	142
	2.1 Im Zentrum des Service steht der Mensch	143
	2.2 Facetten des Nutzens	145
	2.3 Motivation und Betriebsklima	145
	2.4 Gewinnrelevanz	146
	2.5 Erscheinungsbild des Unternehmens	147
	2.6 Persönliche Erfolgsrezepte	147
3	Die sieben Erfolgsgeheimnisse von Leadership	152
	3.1 »JUMP« führt in die Veränderung	152
	3.2 Die sieben Geheimnisse	153
	3.3 Die Veränderung geht weiter	164
4	Protokoll eines Veränderungsprozesses. Aus dem Tagebuch eines Mentors	165
Literaturverzeichnis		171

Vorwort

Es war ein unvergesslicher Tag in den Berliner Büros der Bank. Wir diskutierten die Möglichkeit, ein Entwicklungsprogramm für junge Führungskräfte zu gestalten. Schnell wurde klar, dass die angestammten Methoden nicht das einlösen konnten, was an Erwartungen vorhanden war. Am Ende des Tages stand die Grundkonzeption eines von Grund auf neu entwickelten Programmes. Dieses Programm bestand aus vier Schlüsselelementen:

- Thema: Verbesserung der Servicequalität
- Teilnehmer: 30 potenzialstarke junge Mitarbeiter im Alter von ca. 25–30 Jahren
- Dauer: 18 Monate
- Ziel: Messbare Verbesserung der Betriebseffizienz und der Ertragskraft der Bank

Wir beschreiben mit diesem Band, wie Nachwuchsentwicklung »am Tatort« umgesetzt werden kann.

Die Inhaber einer mittelständischen Privatbank mit damals 360 Mitarbeitern fassten den Entschluss, ihre traditionsbewährten Strukturen und die ihr zugrunde liegende Unternehmenskultur aufzubrechen und von Grund auf zu erneuern.

Wir haben unsere Dokumentation in zwei Abschnitte aufgeteilt. In einem eher »theoretischen« Input legen wir die Grundgedanken, quasi die Hintergrundfolie des Programms dar und zeigen auf, welche Gestaltungsprinzipien und Hintergedanken die Architektur und Konstruktion des Programms bedingen.

Im zweiten Teil zeigen die Teilnehmer auf, wie sie den Prozess erlebt haben und welche Ableitungen und Lernerfahrungen sie bei dem Programm gewinnen konnten.

Sie haben in dem Programm gelernt, wie man Komplexität bewältigt, wie man Menschen gewinnt und Skeptiker überzeugt, wie es möglich wird, ein Korsett über einen 18-Monate-Veränderungsprozess zu gestalten und die einzelnen Maßnahmen systematisch und mit hoher Ausdauer umzu-

Vorwort

setzen. Welche Höhen und Tiefen sie dabei durchlebt haben, beschreiben sie selbst. Welche Verkrustungen geknackt und welche neuen Energien freigesetzt wurden, steht nicht nur zwischen den Zeilen.

Wir würden uns freuen, wenn dieses Buch für innovative Konzepte und ergiebige Diskussionen Anregungen geben würde. Für Unternehmer, für die die Entwicklung des Nachwuchses eine strategische Erfolgsposition ist und für Personalleute, die ihren Beitrag unmittelbar am Erfolg des Unternehmens messen möchten.

Die Herausgeber

Bernd Wildenmann
Peter von der Heydt

A Theoretische Grundlagen

I. Inhalte und Gestaltungsmerkmale eines unternehmensweiten Nachwuchsentwicklungsprogrammes

Von Dr. Bernd Wildenmann

1 Bedeutung der Nachwuchsförderung für das Unternehmen

Die Sicherstellung und Entwicklung des eigenen Nachwuchses ist mit eine der vornehmsten Fragen des Managements. Oftmals hat diese Aufgabe im Blickwinkel des agierenden Managements nicht den Stellenwert, der ihm eigentlich zusteht. Man schiebt die Frage vor sich her und hofft, dass es sich irgendwie schon lösen wird. Die Folgen dieser Unterlassung werden dann sichtbar, wenn das Problem vor der Haustüre steht. Wer wird Nachfolger von den GE-Chefs? Wie viele mittelständische Firmen haben die größten Probleme mit dem Generationswechsel? Und das ist nur die Spitze des Eisbergs. Die vielen Besetzungsprobleme in den Reihen der Führungsmannschaft, die nie sichtbar werden, aber Unsummen von Geld verschlingen.

Es ist schon eine Frage, ob der Nachwuchs von innen herangebildet oder von außen zugekauft wird. Insbesondere in Zeiten der Personalknappheit zeigen sich die Vorteile einer intensiven und bewussten Nachwuchsentwicklung. Auch mit dem Kalkül talentierte Manager zu verlieren. Wenn Ihre Führungskultur einigermaßen stimmt, werden Sie nur einen kleinen Teil verlieren. Die meisten werden bleiben. Eine Organisation, die sich bewusst Gedanken macht um ihre Attraktivität und die Attraktivität bewusst beeinflusst, wird immer jung und lebendig bleiben. Sie wird sich den Teil Beachtung und Orientierung auf Perspektiven erhalten, die sie braucht, um genügend Nachwuchs in den eigenen Reihen zu halten.

So ist die Beachtung der Nachwuchs-Situation Teil der Kultur einer Unternehmung. Wenn diesem Faktor kein Wert beigemessen wird, ist dies Ausdruck einer Wertorientierung. Einer Wertorientierung auf den Menschen und sein Potenzial. Eine Firma, die alles zusammenkauft, wird keine echte Kultur und keinen Bestand haben. Einer Untersuchung von Lombardo zufolge, die als Instrument zur Einschätzung der Veränderungsfähigkeit von Unternehmungen veröffentlicht ist, liegt der Grad des externen Zukaufes bei 30%, 70% sollten aus den eigenen Reihen kommen. Dann ist das Verhältnis gesund.

A Theoretische Grundlagen

Die Attraktivität der Unternehmung dürfte für beide Gruppen von Nachwuchsleuten von höchster Bedeutung sein. Sowohl für die Externen wie für die Internen. Erzeugt werden kann die Attraktivität nur über die Internen.

Netzwerke halten die Firma zusammen

Ein vielfach unterschätzter Bereich von Nachwuchsentwicklungsprogrammen sind die dadurch entstehenden Netzwerke. Das Top-Management sollte sich zwei Netzwerk-Ebenen aufbauen.

Das erste auf der zweiten Ebene für die Gegenwart. Das zweite auf der Nachwuchsebene für die Zukunft. Organisationen funktionieren, weil es Netzwerke gibt. Menschen, die sich kennen, eine gleiche Sprache sprechen und sich gegenseitig unterstützen. Und eine Loyalität dem Top-Management gegenüber entwickeln, weil sie die Herren (manchmal auch Damen) kennen. Diese Netzwerke bilden den Kitt, der eine Firma zusammenhält. Nur wenn Netzwerke älter werden, sind sie mitunter hinderlich. Dann nennt man sie Seilschaft.

2 Gestaltungsideen für den Aufbau von Nachwuchsentwicklungsprogrammen

Wenn man die Zielrichtung für das Programm ins Visier nimmt, zeigen sich folgende Einsatzpunkte für die Entwicklung des Manager-Nachwuchses.

2.1 Erweiterung der intellektuell kognitiven Wissensbasis

Die Teilnehmer erlernen in diesem Vorgehen Inhalte, die sich mit dem betriebswirtschaftlichen und strategischen Funktionieren eines Unternehmens beschäftigen. Die Entwicklung von intellektuellen analytischen Fähigkeiten steht im Fokus des Interesses. Auf der einen Seite ist es wichtig, dass die Jung-Manager das Funktionieren eines Unternehmens verstehen, auf der anderen Seite sollen sie lernen, die Wirkkräfte, die auf ein Unternehmen eingreifen zu lokalisieren und entsprechende zielführende Maßnahmen abzuleiten.

Die Fähigkeit, den entscheidenden Unterschied in der Positionierung einer Unternehmung zu finden, gehört in diese Zielrichtung. Die Logik des Marktes zu verstehen und sie in eine Strategie-Planung zu bringen, ist

I. Inhalte und Gestaltungsmerkmale eines Nachwuchsentwicklungsprogramms

die intellektuelle Herausforderung. Die Produktgestaltung, die Analyse und die Ausgestaltung der Unternehmensprozesse, der Aufbau und das Funktionieren eines Controlling-Systems gehören in diesen Bereich der Management-Ausbildung.

Die Arbeit an der Entwicklung dieser Managementfähigkeiten ist sehr wichtig, vielfach werden diese Bausteine viel zu theoretisch und akademisch dargeboten, so dass lediglich eine »Uni-Auffrischung« stattfindet. Die Teilnehmer müssen hier die wesentlichen Unternehmensprozesse begreifen, die es braucht, um ein Unternehmen zu steuern und am Markt zu positionieren. Für die Entwicklung dieser Skills braucht es moderne Formen der Qualifizierung. Angefangen von ganzheitlich inszenierten und mit den Inhalten vernetzten Unternehmenssimulationen, bis hin zu der realen Inszenierung von realen Start-up-Szenarien.

2.2 Erweiterung der Kompetenz im Bereich der sozialen Fähigkeiten

In diesen Bereich fallen alle Kompetenzen der zukünftigen Manager, die in den Bereich Verhaltensmöglichkeiten fallen. Hier sind die Kompetenzen zu finden, die es ermöglichen sollen sowohl im Ganzen wie auch in Teilen, den Menschen die strategischen Positionierungen zu vermitteln und mit ihnen daran zu arbeiten, diese Positionierungen und Ansatzpunkte zum Leben zu bringen. Dieser Teil der Management-Ausbildung steht bei der klassischen Ausbildung sehr oft völlig im Schatten. Ein zufälliges Beiprodukt. Für den eigentlichen Erfolg, insbesondere in Veränderungskontexten, ist das ein ganz entscheidender Ansatz. Die entscheidenden Kompetenzen hierfür sind:

- Ein effektives Informationsmanagement aufzubauen
- Die Menschen zum Mitmachen zu bewegen
- Standards zu entwickeln, die die zu erreichenden Veränderungen spezifizieren
- Ziele zu vereinbaren, die den angestrebten Transformationsprozess sicher einlösen
- Durch Coaching die Leistungsfähigkeit der Mitarbeiter zu erhöhen
- Die Menschen für die Veränderung zu befähigen

Diese Kompetenzen stellen für den Erfolg als Manager die eigentlichen erfolgskritischen Faktoren dar. Gelingt es die Mitarbeiter für die Absicht zu gewinnen? Gelingt es die beabsichtigte Veränderung in die Tat zu bringen? Auch der Umgang und die Gestaltung der Kultur ist mit diesem Aspekt verbunden. Inwieweit kann ein Kandidat mit den Konzernspezifika umgehen; sich in der politischen Landschaft eines Unternehmens bewegen? Inwieweit ist er auf der anderen Seite in der Lage, eine Kultur im

A Theoretische Grundlagen

eigenen Bereich aufzubauen, eine leistungsorientierte Kultur selbst zu entwickeln und aufzubauen?

2.3 Erweiterung der Kompetenz im Bereich der Persönlichkeit

Dieser Bereich der Kompetenzentwicklung konzentriert sich auf die Entwicklung der eigenen Persönlichkeit. Die Teilnehmer gewinnen hier auf unterschiedlichen Ebenen Einsichten in ihre Persönlichkeit und die damit verbundenen Stärken und Schwächen, Möglichkeiten und Grenzen. Sie arbeiten in diesem Teil ihrer Kompetenzentwicklung eher an der grundsätzlichen Ausprägung ihrer Möglichkeiten und an der Realisierung ihres Potenzials. Nähere Ausführungen zu diesem Teil möchten wir Ihnen im folgenden Artikel aufzeigen.

Es ist wichtig, an diesem Punkt darauf hinzuweisen, dass es hier nicht um das Trainieren von Skills geht, sondern um die Verwirklichung von im Menschen angelegten und vorhandenen Anlagen. Es kann das entwickelt werden, was in der Anlage vorhanden ist.

An welchen Gestaltungsprinzipien sollte sich jetzt ein Nachwuchsentwicklungsprogramm orientieren?

2.4 Das Lernen der Teilnehmer soll sich am Erfahrungslernen ausrichten

Es gibt verschiedene Formen, wie Führungskräfte ihre Managementfähigkeiten ausprägen können. Eine der wichtigsten davon ist, dass den Teilnehmern während des Trainings die Möglichkeit geboten wird, ihre Fähigkeit aus Erfahrung zu lernen entscheidend zu entwickeln. Wie wir später noch aufzeigen werden, ist diese Fähigkeit ein guter Indikator für Potenzial an sich. Das heißt, je höher das Potenzial eines Kandidaten ausgeprägt ist, um so mehr wird er oder sie aus neuen, bislang unbekannten Situationen lernen. Diese einfache und hochwirkungsvolle Form der Managemententwicklung wird oft viel zu wenig genutzt. Sei es, dass die Potenzialträger viel zu selten und viel zu vorsichtig in für sie herausfordernde Situationen kommen, sei es, dass die gemachten Erfahrungen viel zu wenig und viel zu unbewusst in Verhaltenskompetenz umgewandelt werden. Es bleibt alles mehr oder weniger Zufall: Deshalb ist es wichtig, diese Entwicklungschance im Nachwuchsentwicklungsprogramm einzubauen.

Zur Provozierung von Erfahrungslernen führen die Teilnehmer ein engagiertes Projekt durch oder erfahren ein herausforderndes Rotationsprogramm. Davon später mehr. Die entscheidende Fähigkeit wie auch Intervention ist an diesem Punkt: Die Reflexion. Es müssen bewusst Reflexionsschleifen eingebaut werden. Es braucht Trainer, die in der Reflexion die gemachten Erfahrungen zu Erkenntnissen werden lassen. Und es wird an der Reflexionsfähigkeit der Teilnehmer als wichtige Leadershipfähigkeit gearbeitet.

2.5 Rotationssysteme zur Gewinnung neuer Managementerfahrungen

Natürlich haben Rotationssysteme eine viel größere Bedeutung als dies allgemein in der Praxis genutzt wird. Zwar wird überall von der Notwendigkeit gesprochen, eine vertikale Qualifizierung anzustreben. Bewusste und systematische Rotationssysteme, die nicht nur Versetzungsrochaden darstellen, um die Menschen durcheinander zu wirbeln, gibt es nur in Ausnahmefällen.

Rotation heißt: Die Kompetenzentwicklung als Ziel für die Maßnahmen nimmt einen hohen Stellenwert ein. Die Architektur des Systems ist von entscheidender Bedeutung, nicht der Akt an sich. Die Teilnehmer eines Rotationsprogrammes müssen Positionen von für sie hoher Lernpotenz bekommen. So kann es wichtig sein, dass jeder Kandidat während seiner Entwicklungszeit eine bestimmte Funktion an der »Front«, also zum Beispiel im Vertrieb oder bei der Installation einer Großanlage beim Kunden übernommen hat.

Die Geschichte Zurverfügungstellung von Rotationspositionen ist wesentlich. Für jede Rotationsposition müssen die entscheidenden Kompetenzen definiert werden, die in diesem Job-Design gelernt werden können. So können die Kandidaten in einer Zentralstelle erlernen was es heißt, politische Agilität zu entwickeln oder was es als Projektleiter bedeutet, eine akzeptierte Position als Counterpart beim Kunden aufzubauen. Jede der zugewiesenen Positionen muss mindestens eine zentrale, erfolgskritische Kompetenz in der Bewältigung beinhalten, die trainiert werden kann.

Rotation kann bewusst so gestaltet werden, dass der Kandidat ohne große Vorbereitung mit der Bewältigung der Aufgaben betraut wird. Somit ist allen Rotationen gemeinsam, dass die Kandidaten lernen, die wesentlichen erfolgskritischen Kriterien des neuen Jobs zu selektieren, die Unterstützung der Vorgesetzten und der Mitarbeiter und Kollegen zu erhalten, sich im neuen Feld zu positionieren und zu behaupten und generell Akzeptanz zu erhalten.

A   Theoretische Grundlagen

Rotationssysteme sind also umso besser, je mehr sowohl von den Inhalten wie auch von den Zielen genaue Kenntnisse vorliegen und nicht in einem Schnellschusssystem zwar viel Aktionismus verbreitet wird, es letzten Endes aber zu keinem gescheiten Ergebnis kommt.

2.6 Das Projektlernen als Provokation von Lernsituationen mit hohem Intensitätsgrad

Die für den Erfolg des ganzen Programmes wohl aussichtsreichste Komponente ist gleichsam die am schwierigsten zu bewältigende. Oftmals wird mit dem Projektlernen relativ wenig erreicht, weil die Projekte eigentlich bedeutungslos sind. Es werden Aufgaben gestellt, an denen sich schon Generationen die Zähne ausgebissen haben oder zwar toll klingende aber für den Erfolg des Unternehmens eigentlich unbedeutende Fragestellungen.

Die dritte Kategorie der wirkungslosen Projektlernprojekte sind die Arbeitsbeschaffungsmaßnahmen. Es werden die wichtigen, aber auch unliebsamen Aufgaben auf die Jung-Kandidaten abgewälzt, weil die sich nicht wehren, weil Manager sein heißt: Zähne zusammenbeißen. Raus kommt dabei nichts – für den Kandidaten. So muss man für Projektaufgaben in Nachwuchsentwicklungsprogrammen allerhöchste Anforderungen aufstellen, sollen sie fürs Lernen der Teilnehmer auch eine wirkliche Wirkung haben. Damit ist folgendes gemeint:

- **Die Projektaufgabe muss einen echten unternehmensrelevanten Fortschrittsbereich umfassen.**
  Es muss ernst sein mit den Zielen. Das Projekt muss unternehmensweit sichtbar sein. Der Misserfolg muss eine empfindliche Stelle berühren. Es wird ernst gemacht. Dann hat die Sache eine Bedeutung.

- **Es muss Managementverhalten trainiert werden.**
  Im Projekt müssen die Kompetenzen, die von den jungen Managern verlangt werden, trainiert und entwickelt werden können. Dazu muss in der Konstruktion des Projektes bewusst mit eingebaut werden, dass für den Erfolg Managementverhalten gezeigt werden muss und dass der Erfolg entscheidend durch Management oder Leadershipverhalten beeinflusst werden kann. Ein Projekt, das also rein fachlicher Natur ist, scheidet von vorneherein aus. Es muss komplexer und schwieriger sein. Jeder Teilnehmer in einem Nachwuchsprogramm muss entweder Führungserfahrung in einer Echtsituation erfahren oder in dem Programm eine Managementsituation erleben, die die heutige in Komplexität um vieles übertrifft.

Insofern kommt der Projektaufgabe entscheidende Bedeutung zu. Das Projekt als Zentralstück des Lernens hat die entscheidende Funktion für den Erfolg des Programmes.

Natürlich ist es entscheidend, wie die Erfahrungen und Erlebnisse in dem Projektlernen, insbesondere in den Managementsituationen umgesetzt werden in Lernen. Im Programm müssen hier wie in den Sequenzen zum Rotationssystem diese Umsetzungen und Transferbestimmungen akribisch geplant und umgesetzt werden. Das heißt: Auf die Teilnehmer kommt eine doppelte Aufgabe zu. Einmal müssen sie eine sehr komplexe und sie in vieler Hinsicht überfordernde Aufgabe bewältigen. Es ist im Programm mit eingebaut, dass Fehler und Krisen entstehen. Zum zweiten sind sie stets damit beschäftigt, ihre gemachten Erfahrungen und Fehler zu analysieren und in Lernen und Kompetenz zu verwandeln.

- **Das simultane Lernprogramm deckt die relevanten Managementinhalte ab.**
Das Lernprogramm wird simultan mit dem Projekt und dem Rotationsprogramm verbunden. Es findet somit nicht Lernen auf Halde statt. In den klassischen Programmen werden die Teilnehmer mit Inhalten konfrontiert, die sie dann nur aus dem Seminar oder aus dem Buch kennen. Es kann kein unmittelbarer Abgleich mit der Realität stattfinden. Der Transfer ist damit theoretisch und uneffektiv. Bücher und Seminare sind für die Menschen attraktiv, die eine Referenz zu ihrem Erfahrungsbereich herstellen können. Das genau sollte in der Konstruktion solcher Programme berücksichtigt werden. Dann kommt es darauf an, die Lerninhalte möglichst gut mit den Erfahrungsbereichen zu synchronisieren.

Im Lernprogramm gibt es unterschiedliche Lernformen.

- Die Simulation aller strategisch betriebswirtschaftlichen Faktoren, zur inneren Logik der Unternehmensführung und -ausgestaltung, zur Simulation von strategischem Denken und Handeln.
Die Teilnehmer lernen, wie ein Unternehmen geführt wird, welche Implikationen auch im »People-Management« an ihr Verhalten gehen. Strategien zum Aufbau einer hohen Attraktivität, eines hohen Shareholder-Values des Unternehmens. Strategien zur Bewältigung von Fusionen oder Krisen. Bewältigung von start-up Phasen im Beginn des Unternehmensdaseins wie auch im weiteren Aufbau von Tochterunternehmen. Die Bedeutung und Bewältigung von strategischen Allianzen.

A   Theoretische Grundlagen

- Die Entwicklung der Persönlichkeit stellt einen weiteren Schwerpunkt des Lernprogrammes dar. Die Teilnehmer müssen Klarheit bekommen über ihre individuellen Stärken und Schwächen, über ihre Möglichkeiten aber auch über ihre Defizite, Reaktionen in Krisen und Stresssituationen, Transparenz über ihre erwünschten und unerwünschten konstruktiven und destruktiven Wirkungen. Jeder im Programm setzt sich intensiv mit seiner Wertstruktur auseinander. Nur wenn das persönliche Wertesystem stimmt, kann sich eine wertorientierte Unternehmenskultur aufbauen. Alle Konzepte gehen dann auf, wenn es mit der Persönlichkeit stimmt.
So wird es sich im nächsten Aufsatz deutlich zeigen, dass ein ganzheitliches Leadership-Modell sich auf die Ausprägung der Persönlichkeit stützt. Insofern kommt diesem Lernbereich für den Erfolg höchste Bedeutung zu.

- In dem Lernbereich »Performance Management« erhalten die Teilnehmer die Tools, die hilfreich und notwendig sind für die Entwicklung und den Ausbau der Leistungsfähigkeit des eigenen Bereiches. Im Wesentlichen beschäftigen sich die Teilnehmer mit vier Tools:
    - Aufbau und Installation eines lebenden und leistungsfähigen Zielsystems
    - Entwicklung einer leistungsentwickelnden Coaching-Kompetenz
    - Ettablierung eines Kompetenz- und ergebnisgesteuerten Mitarbeiter-Feedback-Systems
    - Einführung eines 360°-Feedbacks für alle Vorgesetzten. Alle Vorgesetzten erhalten ein Feedback zu ihrer Führungsleistung anhand einer strukturierten Auswertung.

3 Die konkrete Ausgestaltung des Nachwuchsentwicklungsprogramms

Als wichtige Prinzipien des gesamten Lernsystems war es uns wichtig, dass die Teilnehmer einen hohen Grad an Selbstbestimmung erhalten mussten. Wie später noch darzustellen sein wird, kommt es bei der Entwicklung von Nachwuchsführungskräften vor allem auf zwei Dinge an: Das Ausmaß des eigenen Potenzials aufzuzeigen und die Möglichkeit, es zu entfalten und zur Entwicklung zu bringen.

In der Potenzialforschung hat es sich gezeigt, dass die höchste Entwicklungsrate erreicht wird, wenn die Kandidaten herausfordernde Situationen

I. Inhalte und Gestaltungsmerkmale eines Nachwuchsentwicklungsprogramms

erleben, in denen sie an die Grenze ihrer Belastbarkeit und Kapazität gelangen. Eine Untersuchung von Lombardo (1988) bestätigt dies in eindrücklicher Weise. Vergleichen Sie dazu nachstehende Abbildung 1.

In dieser Untersuchung bestätigten die befragten Führungskräfte, dass insbesondere Härtefälle und herausfordernde Aufgaben einen hohen Beitrag für die persönliche Entwicklung lieferten.

Wie man auch sehen kann, hatten Trainings in dieser Untersuchung einen eher unbedeutenden Beitrag. Trainings können die Realität nicht ersetzen. Sie können als Katalysator einen entscheidenden Beitrag für die Beschleunigung der Entwicklung erbringen.

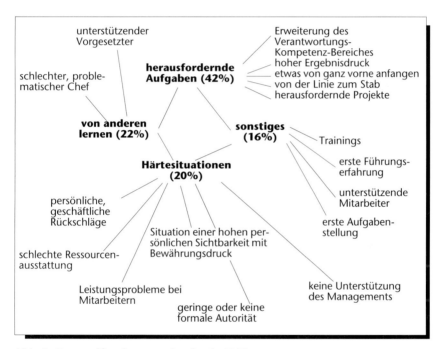

Abb. 1: Potenzialforschung von Lombardo 1988

Managementpotenzial zu haben heißt:

– In neuen hochkomplexen Situationen zeitnah erfolgreich zu sein, also das Talent zu besitzen, die Komplexität von sozialen Systemen zu erfassen und entscheidende Hebelkräfte zu finden und die Situation zu beherrschen.

Der Treibriemen dazu ist die Fähigkeit aus Erfahrung zu lernen. Also die Fähigkeit, aus dem Erleben Verhaltensänderungen abzuleiten. Menschen mit hohem Managementpotenzial sind in der Lage, ihre Erlebnisse zu

A Theoretische Grundlagen

kapitalisieren und in eine zunehmende Bewältigungsfähigkeit zu verwandeln. Die daraus entstehende Dynamik wird in nachstehender Abbildung aufgezeigt.

Implikationen dieser Erkenntnis ist die Notwendigkeit, für die Teilnehmer eine Echtsituation zu schaffen, die es ihnen ermöglicht, möglichst viele Managementerfahrungen zu machen.

Gleichermaßen wichtig war es für uns, den Teilnehmern ein Projekt zu bieten, das die kompletten Facetten eines Veränderungsvorhabens beinhaltet. Die Teilnehmer sollten einen kompletten Veränderungszyklus durchleben und »durchleiden«.

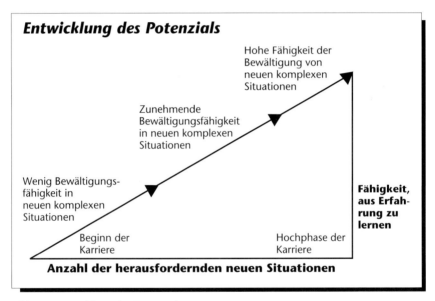

Abb. 2: Entwicklung des Potenzials

Die Teilnehmer sollten die Möglichkeit haben, eine unternehmensweite Veränderungsmaßnahme von A–Z zu begleiten. Was das bedeutet, möchte ich Ihnen nachstehend aufzeigen.

Im Ablauf eines Veränderungsprojektes lassen sich fünf psychologische Stufen ableiten. Diese fünf Stufen sind:

I. Inhalte und Gestaltungsmerkmale eines Nachwuchsentwicklungsprogramms

Die psychologischen Stufen eines Veränderungsprozesses
1. Irritation um Neugier auszulösen
2. Vision schaffen um Energie freizulegen und das Mögliche sichtbar zu machen
3. Durch eine »Geschichte« Relevanz verschaffen
4. Durch Interaktion und psychologisches Investment Zielkongruenz aufbauen
5. Ein Korsett schaffen – der Kelch wird nicht an uns vorübergehen

Die Bewältigung dieser fünf Stufen lässt sich weiter verdeutlichen, wenn man die 12 Stufen eines Veränderungsprozesses beachtet.

Der 12-stufige Phasen-Prozess eines tiefgreifenden Veränderungsprozesses

1. **Die innere Logik durchdenken**
   - Es müssen die Wirkketten und -kräfte durchschaut werden, die in ihrer Änderung den Erfolg möglich machen.
   - In der Präzisierung dessen, was das Ziel des Projektes konkret sein soll, liegt die strategische Differenzierung (z. B. Kundennähe).

2. **Ein Gefühl der Dringlichkeit erzeugen**
   - Den Markt und die Wettbewerbsrealitäten erzeugen.
   - Krisen, potenzielle Krisen und grundsätzliche Chancen erkennen und diskutieren.

3. **Die Führungskoalition aufbauen**
   - Eine Gruppe zusammenstellen, die genug Kompetenz besitzt, um den Wandel herbeizuführen.
   - Die Gruppe zur Teamarbeit motivieren.

4. **Vision und Strategien entwickeln**
   - Eine Vision schaffen, die für die Veränderungsbestrebung richtungsweisend ist.
   - Strategien entwickeln, die diese Vision umsetzen.

5. **Satelliten und Zielkonsequenz bei den Führungskräften aufbauen**
   - Es müssen die Führungskräfte, die oben gehört werden und die eine Wirkung zur Seite und nach unten haben, für das Projekt gefunden werden.
   - Erst wenn ein Großteil der Führungskräfte gewonnen ist, können die nächsten Schritte erfolgen.
   - Gelegenheiten für kollektive Interaktion schaffen, damit psychologisch investiert wird.

6. **Die Vision des Wandels kommunizieren**
   - Jedes nur mögliche Element dazu nutzen, die neue Vision und ihre Strategien zu kommunizieren.
   - Das Rollenverhalten der Führungskoalition entspricht den Erwartungen der Beschäftigten.

A Theoretische Grundlagen

> **7. Ein Lösungskorsett anbieten, das die Umsetzung vor Ort möglich macht und Hilfen zur konkreten Anwendung gibt**
> - Es müssen Tools zur Verfügung gestellt werden, Skills trainiert werden.
> - Ein Messsystem, das Transparenz zu den Umsetzungsständen nach innen und außen gibt, sichert die Energie.
>
> **8. Empowerment auf breiter Basis**
> - Hindernisse beseitigen.
> - Systeme oder Strukturen verändern.
> - Zu Risikobereitschaft und ungewöhnlichen Ideen, Aktivitäten und Handlungen ermutigen.
>
> **9. Kurzfristige Ziele ins Auge fassen**
> - Sichtbare Leistungsverbesserungen oder »Erfolge« planen.
> - Diese Erfolge hervorheben.
> - Die Menschen deutlich anerkennen und auszeichnen, die die Erfolge ermöglichen.
>
> **10. Maßnahmen zur Akzeleration**
> - Jedes Projekt erreicht irgendwann eine Schwächephase. Für diese Phase müssen Akzelerationsmaßnahmen vorgedacht werden.
> - Betroffenheit erzeugen und persönlichen Bezug herstellen.
>
> **11. Erfolge konsolidieren und weitere Veränderungen ableiten**
> - Die wachsende Glaubwürdigkeit dazu nutzen, alle Systeme, Strukturen und Verfahren zu verändern, die nicht zusammenpassen und der Transformationsvision nicht entsprechen.
> - Menschen einstellen, befördern und entwickeln, die die Vision des Wandels umsetzen können.
> - Den Prozess mit neuen Projekten, Themen und Veränderungsimpulsen immer wieder beleben.
>
> **12. Gravur der Ergebnisse in der Kultur**
> - Leistungsoptimierung durch kunden- und produktivitätsorientiertes Verhalten, stärkere und bessere Führungsqualität und effizienteres Management bewirken.
> - Die Beziehung zwischen neuem Verhalten und Unternehmenserfolg herausstellen.
> - Maßnahmen entwickeln, die Führungsentwicklung und -nachfolge sicherstellen.

Die Teilnehmer sollen alle 12 Stufen erleben und praktizieren, um so eine entscheidende Erfahrung im Veränderungsmanagement zu machen. Sie sollten lernen, welche Fehler immer wieder gemacht wurden und am eigenen Leibe erleben, wie schwierig und komplex solche Prozesse sind.

Sie sollten lernen, Reflexion auszulösen und durch psychologisches Investment und Interaktion alle Mitglieder der Unternehmung in eine Veränderungshaltung zu bringen. Sie sollten erkennen, welche Widerstände

I. Inhalte und Gestaltungsmerkmale eines Nachwuchsentwicklungsprogramms

können und wie man diesen begegnet. Welche beharrenden Kräfte in einem System aufgebaut wurden und wie man diese auflösen kann. Lernen wie wichtig es ist, Sinn- und Werthaftigkeit zu vermitteln und eine professionelle Informationskultur aufzubauen.

Ein wichtiger Grundsatz im Projekt musste sein, dass jede Schwierigkeit willkommen war. Jede Schwierigkeit bot eine hohe Lernchance. So hatten die Teilnehmer neben der komplexen Aufgabe noch eine weitere Schwierigkeit.

Sie mussten das eigene Verhalten stets reflektieren und die aufgetretenen Führungsprobleme hinsichtlich der Lernmöglichkeiten für Management zu analysieren. Dazu brauchte es die zwar unmerkliche aber vorhandene Unterstützung durch die Partner.

In der Konstruktion des konkreten Vorgehens in unserem Projekt sind folgende Einzelbestandteile von Bedeutung.

– Aufbau der einzelnen Projektstränge
– Definition und Ausgestaltung des Lernprojektes
– Gestaltung des inhaltlichen Lernprogrammes

Die Erwartungen, die an das Programm gebunden waren, können wie folgt umschrieben werden.

– Es sollte dem Faktor Führen eine entscheidende Bedeutung gegeben werden.
– Aus dieser Gruppe sollte der Nachwuchs für das zukünftige Management gefunden werden.
– Die Teilnehmer sollen ein Netzwerk bilden, eine Mannschaft, die sich versteht und unternehmensweit unterstützt.
– Mit dieser Gruppe sollte ein Kulturwandel hin zu offener, flexibler Leistungsorientierung eingeleitet werden.

Die Ziele für jeden Teilnehmer wurden wie folgt definiert.

1. Jeder Teilnehmer soll für sich die Frage nach *Führungswille und Führungsimpuls* klären.
2. Es werden individuell die *persönlichen Stärken und Schwächen* im Führen bezüglich der eigenen Persönlichkeit herausgearbeitet und *Entwicklungsfelder* definiert.
3. Die Teilnehmer erlernen *Fertigkeiten für das Führen* von Projekten, Teamleadership und Performance-Steigerung.
4. Es wird mit der Teilnehmergruppe während des Projektes ein kulturveränderndes und produktivitätsorientiertes Projekt *(Servicequalität)* durchgeführt.

5. Das Programm soll die *zukünftige Führungskultur* konkretisieren und erlebbar machen, gleichsam die Veränderung in eine neue Kultur beschleunigen.

Die Teilnehmergruppe bestand aus circa 30 Personen. Viele der Teilnehmer hatten zum Zeitpunkt des Projektstarts noch keine Führungserfahrung und waren auch nicht in einer Führungsposition. Deshalb war es für das Programm wichtig, eine schwierige echte Führungssituation zu erzeugen. Dafür entwickelten wir das Serviceprojekt (vgl. Abbildung 3).

Die Teilnehmer erhielten also den Auftrag, einen unternehmensweiten Prozess zur Entwicklung des Serviceverhaltens aller Mitarbeiter durchzuführen. Das Projekt hatte somit eine immense Komplexität und war so umfassend, dass alle 30 Teilnehmer ausreichend zu tun hatten.

In diesem Zusammenhang ist es wichtig, bei solchen Programmen auf die Konfektionsgröße des Projektes zu achten. Es darf nicht überfordern aber auch nicht zu einfach handelbar sein. In jedem Fall muss es ein Projekt sein, das in der Ergebniserwartung echt ist. Der Erfolg des Projektes sollte unmittelbar etwas mit dem Erfolg des Unternehmens Systeme aufbauen zu tun haben. Viele dieser Projekte haben keinen Erfolg, weil sie

---

Das Thema / Der Anlass

Wozu ein Serviceprojekt?

▶ Führen wird real gestaltet und nicht im Labor (Seminar) eingeführt – es wird eine echte Führungssituation erzeugt –

▶ Es entsteht eine hohe Verbindlichkeit durch eine Leistungserwartung

▶ Es geht um Echtprozesse
  - der Anerkennung
  - der Dringlichkeit
  - der Unterstützung durch das Management
  - darum, Menschen für sich zu gewinnen

▶ Es werden unmittelbare Erfahrungen erlebt, an denen durch Reflexion Führungslernen stattfinden kann

Dies alles setzt voraus, dass das Top-Management dieses Führen zulässt. Es braucht eine Eintrittskarte vom Top-Management, denn die Organisation wird gestresst.

Abb. 3: Wozu ein Serviceprojekt?

I. Inhalte und Gestaltungsmerkmale eines Nachwuchsentwicklungsprogramms

eigentlich für das Unternehmen bedeutungslos sind oder Fragestellungen beinhalten, an denen sich schon Generationen die Zähne ausgebissen haben.

Wichtig ist, dass die Teilnehmer im Projekt echte Führungssituationen erleben und mit der Komplexität einer Veränderungssituation konfrontiert werden. Das Serviceprojekt beinhaltete alle diese Faktoren. Das ganze Unternehmen war erfasst. Es ging um Verhaltensänderung. Die Idee musste jeden Mitarbeiter des Hauses erfassen. Es war keine Eintagsfliege. Die Projektdauer wurde auf 18 Monate festgelegt. Innerhalb des Projektes mussten alle Veränderungsschwellen eines Veränderungsprojektes bewältigt werden. Die Gruppe organisierte sich für das Projekt in folgender Weise (siehe Abbildung 4).

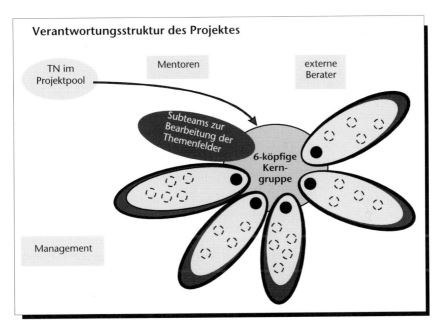

Abb. 4: Verantwortungsstruktur des Projektes

Jedes Mitglied war für drei Monate Mitglied der sechsköpfigen »Geschäftsleitung« und hatte somit verantwortlich das Projekt zu leiten. Jedes »Geschäftsleitungsmitglied« war gleichzeitig einer Subprojektgruppe für diesen Zeitraum vorgesetzt und fungierte für diese als Leiter.

Das Kernteam war das Managementteam schlechthin. In diesem Gremium lag die Verantwortung für den Erfolg. Dieses Team hatte Kontakt zum Management des Unternehmens, zu den Mentoren und zu den externen Beratern. Jeweils einmal im Monat gab es einen ganztägigen Pro-

A Theoretische Grundlagen

jekttag. An diesem Tag wurden alle Entscheidungen gefällt, alle Konzeptionen entwickelt und verabschiedet. Hier kam es darauf an, als Team erfolgreich zu sein. Gleichsam wurde an diesen Tagen mit dem externen Berater die Form der Zusammenarbeit und die Führungsleistung des Teams reflektiert.

In den Subgruppen wurden dann in den Zwischenphasen die verabredeten Aufgabenstellungen bearbeitet. So gab es für die Leiter während der Legislaturperiode zwei zentrale Führungspositionen

- In dem Leitungsteam als Mitglied zu agieren.
- In der Subgruppe als »Vorgesetzte(r)« zu handeln.

Die Rollen der einzelnen »Organe« des Projektes können wie folgt beschrieben werden.

Die Kerngruppe	• entwickelt die Architektur des Projektes • klärt den Auftrag mit dem Management • installiert die Leistungsfunktionen • nimmt Bewerbungen für Subteams an • nimmt die Führungsfunktion in den Subteams ein • konkretisiert die Vorgehensweise • als Monitor, Management, Controlling
Die Subteams	• strukturieren die Themenfelder • konkretisieren die Themen und bearbeiten sie im Projekt • Reporting an Kerngruppe
Die Mentoren	• unterstützen die Kerngruppe und die Subteams bei organisationsspezifischen Fragen • stimmen Zuteilung der Ressourcen ab
Externe Berater	• Begleitung von Maßnahmen, Meetings etc. vor Ort (Process Know-how) • Die strukturierte Moderation von Sitzungen • Input und Trainings zu relevanten Sitzungen • Einbringen von Know-how über Veränderungsprozesse • Feedbackgespräche und Interventionen zur Ausgestaltung des Transformationsprozesses

Der Ablauf des Programms (vgl. Abbildung 5) war gekennzeichnet durch verschiedene Phasen. Zuerst wurde die Seminargruppe über das Vorgehen vertraut gemacht. Die einzelnen Organe wurden installiert und arbeitsfähig gemacht.

In der ersten Phase des Projektes war es wichtig, die ganze Komplexität zu überdenken und daraus ein machbares Vorgehen zu schaffen. Gleichsam galt es, das Kick-off-Meeting vorzubereiten.

I. Inhalte und Gestaltungsmerkmale eines Nachwuchsentwicklungsprogramms

Im zweiten großen Teil des Projektes war es die Aufgabe, das Projekt umzusetzen und in die Tat zu bringen. Parallel wurden die verschiedenen Seminare möglichst synchron zu dem Ablauf des Projektes durchgeführt.

Ablauf des Programmes

Installation der Seminargruppe und der Rollen der Beteiligten

Konzipierung des Serviceprojektes
- Architektur des Projektes

Kick-off-Meeting
- Information zum Programm
- Das Leadership-Konzept
- Die Führungskompetenzen
- Organisatorisches

Konzipierung und Durchführung des *Serviceprojektes*
- Umsetzung der verschiedenen Ansatzpunkte
- Identifizierung der Serviceansatzpunkte
- Installation der Messsysteme
- ...
- ...

Durchführung der *Lernebene*

Bearbeitung der Themen, die in unmittelbarem inhaltlichen Zusammenhang mit dem Vorgehen des Serviceprojektes und der Führungssituation stehen

- Projektgruppenmanagement
- Entwicklung der Führungspersönlichkeit
- Moderation und Präsentation
- Zielmanagement und Coaching
- Veränderungsmanagement

***Abschlussmesse* zur Darstellung der Ergebnisse**

Abb. 5: Ablauf des Programmes

Der genaue phasenorientierte Ablauf des Serviceprojektes ist in den Abbildungen 6 und 7 dargestellt. Wesentlich war es für jede Managementgruppe, dass eine besondere Schwelle im Veränderungsprozess zu nehmen war. Eine Schwelle, die ein Risiko barg. Eine Schwelle, die bis an die Haarspitzen herausforderte.

A Theoretische Grundlagen

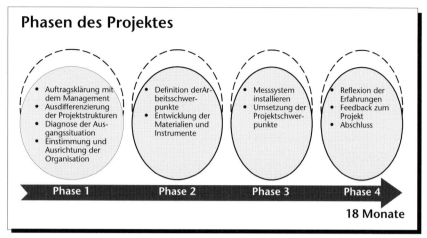

Abb. 6: Phasen des Projektes

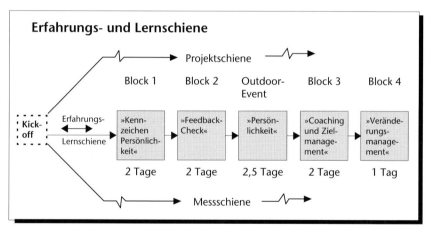

Abb. 7: Erfahrungs- und Lernschiene

Die einzelnen Schwellen für die Gruppen waren:

Schwelle 1:
- Gewinnung der anderen Teilnehmer
- Gestaltung des Gesamtkonzeptes
- Überwindung der hohen Komplexität

Schwelle 2:
- Gewinnung der Führungskräfte des Hauses
- Vorbereitung eines einzigartigen Kick-off-Meetings

I. Inhalte und Gestaltungsmerkmale eines Nachwuchsentwicklungsprogramms

Schwelle 3:
- Gewinnung der Mitarbeiter
- Vorbereitung der Dramaturgien für die Durchführung des Service-Workshops

Schwelle 4:
- Durchführung des Prozesses vor Ort
- Sicherung des Ergebnisses
- Messung des Erfolges
- Erhaltung der Energie bis zum Projektende
- Vorbereitung der Abschlussveranstaltung

Für die erste Gruppe war es so ganz wichtig, die anderen Teilnehmer für eine Vorgehensweise zu gewinnen, die im Managementmeeting entwickelt und verabschiedet wurde. Es war interessant, welche Gegenkräfte mobilisiert wurden und wie viel Überzeugungsarbeit notwendig war, um die Energie der anderen Teilnehmer zu finden.

Es war eine immense Aufgabe, das Gesamtkonzept zu gestalten und die hohe Komplexität zu überwinden. Danach musste die Zielkongruenz der Führungskräfte erreicht werden. Führungskräfte, die hierarchisch über den Teilnehmern standen.

Ein einzigartiges Kick-off-Meeting sollte vorbereitet werden. Im nächsten Gap kam es auf die Gewinnung aller Mitarbeiter des Hauses an. Die Teilnehmer sollten erkennen, welch hohe Bedeutung ein psychologisches Investment hat. Die flächendeckende Umsetzung musste geplant und bewältigt werden.

Schließlich ging es um die Umsetzung des Vorhabens vor Ort, um die Sicherung der Ergebnisse, um die Messung des Erfolges und um die Aufrechterhaltung der Energie bis zum Projektende.

Alles in Allem bildete dieses Projekt den Hauptteil der gesamten Lernveranstaltung. Die Teilnehmer bekommen ein Betätigungsfeld mit unendlichen Lernchancen und Möglichkeiten. Jedes Problem, jede Schwierigkeit war willkommen, bot sie doch ein Lernfeld für den Teilnehmer. Wichtig war es, einen gewissen Schutz für die Teilnehmer zu bieten und ihnen ausreichend Reflexionsmöglichkeiten zu geben, damit sie ihre Lernerfahrungen kapitalisieren konnten.

A   Theoretische Grundlagen

4 Das Leadership-Modell

Die inhaltliche Schiene fußte auf dem Leadership-Konzept des externen Beraters. Dieses Konzept soll in den Grundzügen nachfolgend dargestellt werden. Der grundlegende Fragekreis für eine solche Konzeption ist die Frage nach der Basiskonstellation des Unternehmens (vgl. Abbildung 8).

Grundkonstellation des Unternehmens	
Welche Vision und daraus resultierende Strategien und Ziele sind vorhanden?	Welche Werte sind ausgeprägt und handlungsleitend für die Mitglieder?
Welcher Stellenwert hat Wachstum in qualitativer Hinsicht für die Mitglieder der Organisation?	Wie wird die Situation, in der die Unternehmung steht, interpretiert?

Abb. 8: Grundkonstellation des Unternehmens

Auf diese Fragen können in der entwickelten Unternehmung Antworten gegeben werden. Die Vision ist bekannt und kommuniziert. Es ist klar, mit welcher Strategie die einzelnen visionären Facetten erreicht werden können. Es existiert ein Businessplan, der genau und präzise aufzeigt, in welchen Schritten und Abläufen die anzustrebenden Ergebnisse erreicht werden können. Es ist nicht Hoffen. Die Zukunft wird so planbar wie möglich gemacht. Neben dieser Klarheit für die Zukunft steht das qualitative Wachstum in Form der Betrachtung. Man kann ein Unternehmen »downseizen« und trotzdem qualitativ wachsen. Es braucht die Mentalität und die Orientierung darauf. Werte ersetzen Kontrolle. Dieser bedeutsame Satz wird in solchen Unternehmen beherzigt. Ein starkes handlungssteuerndes Wertegerüst ist in solchen Firmen eingezogen und bis zum letzten Mitarbeiter wirksam. Werte können sein:

- Stolz auf Leistung
- Verpflichtung anstatt Pflichterfüllung
- Gegenseitige Unterstützung
- Wertschätzung des Menschen
- Bestimmung und Passion

Entscheidend bei diesen Werten ist, ob sie leben oder nur auf Papier geschrieben sind. Wenn sie leben, bilden sie die entscheidende Grundlage der Kultur des Unternehmens. Wenn die erwünschten Werte nicht synchronisiert sind, entsteht eine Ambivalenz im Verhalten. Es gibt zwar offizielle Werte, allein die inoffiziellen Vorschriften sind verhaltensbestim-

I. Inhalte und Gestaltungsmerkmale eines Nachwuchsentwicklungsprogramms

mend. Wenn der offizielle Wert heißt »›Total customer care‹ ist unsere Handlungsmaxime«, die inoffizielle Handlungsvorschrift jedoch: »Ziehen Sie den Kunden über den Tisch«, wird die inoffizielle Vorschrift das Verhalten der Mitarbeiter leiten. Es ist von ungeheurer Bedeutung, wie die Situation interpretiert wird. Es ist die alte Geschichte von dem halb vollen oder halb leeren Glas. Wie interpretieren die Führungskräfte die Situation in ihrem Unternehmen? Je positiver und möglichkeitsorientierter interpretiert wird, umso mehr werden die Möglichkeiten auch gesehen. Man sieht, was man weiß.

In diesen Kontext ordnet sich das Leadership-Verhalten ein. Die Organisation hat bestimmte Stärken und Schwächen, Möglichkeiten und Grenzen. Und sie hat in einem Veränderungskontext ganz bestimmte Veränderungsfähigkeiten. Sie hat eine potenzielle Geschwindigkeit, um von A nach B zu kommen. Diese ist für den Veränderungsprozess entscheidend. Dazu braucht es in erster Linie die Führungskräfte. Deren Führungsfähigkeit und deren bestimmte Kompetenzen.

So führt uns die Ausgangssituation zu den Erfordernissen und Ausgangsgrößen für die Bestimmung und Parametern eines Leadership-Modells. Anhand Abbildung 9 möchte ich Ihnen die einzelnen Bestandsstücke eines solchen Modells aufzeigen:

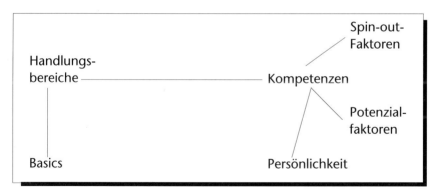

Abb. 9: Leadership-Modell

Die Handlungsbereiche und Basics stellen gewissermaßen die »Bühne« dar, auf der Führungsverhalten wahrgenommen werden kann. Kompetenzen, Persönlichkeit, Spin-out-Faktoren und Potenzialfaktoren sind die »geheimen« Regisseure, die das Verhalten des Managers steuern.

A Theoretische Grundlagen

4.1 Leadership-Kennzeichen

In der ersten Richtung zeichnet Leadership-Verhalten sich durch eine hohe Fähigkeit aus, **Unterschiede in den Ansatzpunkten abzuleiten,** in denen etwas geändert, verbessert, überhaupt angegangen werden sollte. Ansatzpunkte liegen hier sowohl im strategischen wie auch im operativen Bereich. Dazu muss ein(e) Vorgesetzte(r) wissen, wie »das Rad sich dreht« (vgl. Bennis et al, 1994; Lombardo und McCauley, 1993). Er/sie muss die Wirkkräfte im Markt, im Unternehmen, in der Abteilung kennen und verstanden haben. In dieser logischen Durchdringung bekommt die Person mit Leitungsfunktion eine echte Autorität. Dies ist eine entscheidende Machtbasis. Aus dieser Machtbasis entsteht Vertrauen in das, was die Leitung tut. Die Unterschiede sollten natürlich relevant und umsetzbar sein. Je sinnhafter sie gemacht werden können, je besser aufgezeigt wird, wie die einzelnen Faktoren ineinander wirken, desto mehr Energie entsteht für die Umsetzung.

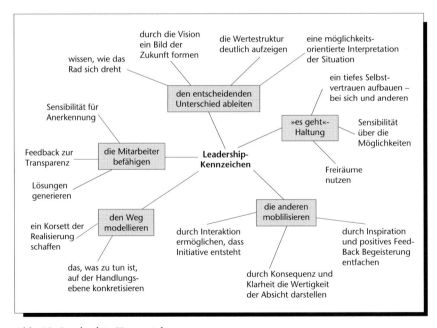

Abb. 10: Leadership-Kennzeichen

Bei den Unterschieden in der Interpretation der Situation ist es die Funktion des(r) Vorgesetzten, die Situation möglichkeitsorientiert umzudeuten. Wenn alle »die Flügel hängen lassen« und es eine Person gibt, die die Situation so umdeuten kann, dass Möglichkeiten entstehen, dann geschieht Leadership.

I. Inhalte und Gestaltungsmerkmale eines Nachwuchsentwicklungsprogramms

Bei der dritten Kategorie geht es um Unterschiede in den Werthaltungen. Die Werthaltung als Ausgangspunkt für Verhalten hat einen zentralen Stellenwert für alle Beziehungen innerhalb und außerhalb einer Unternehmung. Aus den Werthaltungen kommt der Grad der Kundenorientierung, der »Biss« im Verkauf, die Beziehungen der Mitarbeiter untereinander, die gesamte Kultur einer Unternehmung.

Nimmt man diese drei Unterschiedskategorien zusammen, so ergeben sie in ihrer Kombination die Vision, die Strategie eines Unternehmens. Es geht darum, ein Bild der Zukunft zu formen. Dieses Bild ist Ausgangspunkt und Basis von Motivation und Begeisterung. Kouzes und Posner (1993) haben diese Schlüsselfunktion »Inspiring a shared vision« genannt. Die Vision ist die treibende Kraft im Veränderungsprozess des Unternehmens. Der Leader muss eine Vorstellung davon haben, wo das Unternehmen, wo sein Bereich innerhalb einer bestimmten Zeit stehen soll. Der Leader muss diese Vision »leben«, so verinnerlicht haben, dass er seinen Mitarbeitern ein lebendiges Bild davon vermitteln und zum Mittun inspirieren kann. Nach Bass (1986) sind die Attraktivität der Vision und die Kraft der Bilder und Symbole entscheidend dafür, wie sich die Mitarbeiter einbringen. Aus dieser Vision lassen sich die Ziele für die einzelnen Bereiche ableiten, es entstehen die flächendeckenden Veränderungsprojekte. Diese Vision ist die Ausgangsbasis für eine zielorientierte Führung.

Das zweite Kennzeichen des Leadership-Verhaltens ist die **»es-geht«-Haltung**. Basis dieser »es-geht«-Haltung ist ein hohes Selbstvertrauen, das die Ruhe gibt, auch in turbulenten Zeiten an die Möglichkeiten zu glauben. Vielerorts herrscht in den Unternehmen weitverbreitet ein Klima vor, das von Jammern und Klagen geprägt ist. Viele Mitarbeiter und Vorgesetzte können meisterhaft erklären »warum es nicht geht«.

Diese »es-geht«-Haltung sollte nicht gleichgesetzt werden mit einem dümmlichen und realitätsfernen Positivdenken. Sie ist vielmehr der geklärte Ausdruck einer Persönlichkeit. In diesem Teil steckt die Kraft, die aus einer hohen inneren Sicherheit kommt. Auch die Kraft, eine für richtig erkannte Richtung mit Energie und Selbstvertrauen voranzutreiben und unerbittlich an der Zielerreichung festzuhalten. Die Bereitschaft für weite Strecken allein an eine Möglichkeit zu glauben und nicht aufzugeben, kommt aus dieser Grundhaltung. Die Übertragung dieser Grundhaltung auf möglichst viele andere Mitglieder der Organisation, die Transformation der Organisation in eine »es-geht«-Haltung, ist das Resultat eines erfolgreichen Leadership-Prozesses.

A Theoretische Grundlagen

Ein Kennzeichen von ganz wesentlicher Bedeutung ist es, **die Mitarbeiter zu mobilisieren,** ein »Magnetfeld« und Begeisterung zu entfachen. Mitarbeiter zu mobilisieren heißt:

- durch Interaktion zu ermöglichen, dass Initiative entsteht,
- durch Inspiration und positives Feedback Begeisterung entfachen,
- durch Konsequenz und Klarheit die Wertigkeit der Absicht darstellen.

Eine entscheidende Fähigkeit im Führungsprozess ist es, Interaktion zu entfachen. Nicht Fragen zu stellen und diese sich dann selbst zu beantworten. Erst wenn, durch eine echte Interaktion erzeugt, Mitarbeiter psychologisch investieren, eigene Beiträge beisteuern, entsteht die Zielkongruenz, die es für das Mitunternehmen braucht.

Die Inspiration, also eine lockende Idee, mit Begeisterung vorgebracht, eine Idee, die die neue Möglichkeit zeigt, ist die Basis der Begeisterung und die Basis dafür, dass ein »Magnetfeld« entstehen kann. Lombardo und McCauley (1993) sehen diese Atmosphäre der gegenseitigen Befruchtung und Inspiration in Beziehung zum Ausdruck von Mitgefühl, Zeigen von Sensibilität, Freundlichkeit und Wärme, Aufrichtigkeit und Beherrschung.

Wer die Ziele »vereinbaren« muss, wem es nicht gelingt, eine Atmosphäre zu schaffen, in der Ziele stimuliert werden, wo ein Nährboden für das Entstehen von Begeisterung entsteht, erfüllt dieses Kriterium nicht. Fragen Sie sich,

- wie Ihre (Management)-Meetings ablaufen. Sind sie gekennzeichnet von Vorwürfen und Rechtfertigungen oder gelingt es Ihnen, ein Klima des Aufbruches, des Anpackens zu erzeugen?
- haben Sie im letzten Monat in Ihrem Arbeitsbereich beobachten können, dass Begeisterung für einen Erfolg entstand oder freuten sich Ihre Mitarbeiter eher über den Misserfolg eines Kollegen?

Eng verbunden mit diesem grundsätzlichen Möglichsein von Begeisterung und positiver Grundstimmung ist die Wirkung, die von den Leitungspersonen ausgeht. Es ist die Frage, ob ein(e) Vorgesetzte(r) schon allein durch sich beeindruckend ist. Und es ist die Frage, welche Konsequenzen von dieser Wirkung ausgehen. Entsteht Angst, Misstrauen oder Leistungsbereitschaft, Hoffnung, Begeisterung? In diesem Zusammenhang entstehen Fragen wie:

- Inwieweit kennen Sie die Wirkungen, die von Ihnen ausgehen?
- Welche Konsequenzen erzeugt Ihre Wirkung?
- Inwieweit führt die Wirkung, die von Ihnen ausgeht, zu einer Leistungsentfachung oder zu Demotivation?

I. Inhalte und Gestaltungsmerkmale eines Nachwuchsentwicklungsprogramms

Es ist sicher nicht leicht, aufzuzeigen, ob und wie eine solche Wirkung beeinflusst werden kann. Sicherlich sind diese Potenziale in ihrer Art und möglichen Intensität unterschiedlich ausgeprägt. Und sicherlich werden diese Potenziale unterschiedlich gelebt. Wir glauben, dass diese Wirkungen am echtesten und intensivsten zum Ausdruck kommen, wenn eine Person in einer selbstsicheren/selbstbewussten Verfassung ist. Also, wenn sich eine Person sich selbst bewusst ist und gewissermaßen »in sich ruht«. Dann kommt die eigene energieentfachende Wirkung zum Ausdruck. Alles, was mit Abwertung zu tun hat, Selbstabwertung oder Abwertung anderer, tötet diesen Prozess. Insofern bekommen die Lebenskonzepte der Führungskräfte eine hohe Bedeutung. Leadership ist eben keine Technik. Leadership hat viel mit der Entwicklung der Persönlichkeit zu tun.

Das vierte Element der Leadership-Kennzeichen ist die Fähigkeit, den **Weg zu modellieren** (Kouzes und Posner, 1991).

Auf einem Overhead-Folien-Niveau lassen sich Konzepte und Strategien einleuchtend und beeindruckend darstellen. Bei der Frage, wie diese Konzepte in die praktische Realisierung kommen, scheidet sich Spreu von Weizen. Die entscheidende Fähigkeit im Management von morgen ist: Auf der einen Seite auf abstraktem Niveau Konzepte und Modelle zu verstehen, also die einzelnen Faktoren in Wirkungszusammenhängen vernetzen zu können; auf der anderen Seite die Fähigkeit zu besitzen, solche abstrakten Konzepte auf die praktische Realisierung herabzubrechen und in anwendbare Handlungsanweisungen zu verwandeln.

Für die meisten individuellen und bereichs-/unternehmensorientierten Veränderungsabsichten braucht es ein »Korsett«, eine Stütze einerseits, eine Konsequenz andererseits. So wie die »es geht«-Haltung die Möglichkeit, die Option beinhaltet, das Mobilisieren, das »ich will«, so verkörpert das Modellieren die »ich kann«-Haltung. Leadership heißt, voll hinter der Absicht zu stehen. Nie den Zweifel aufkommen zu lassen, dass die Realisierung offen ist.

Das fünfte Element, **die Mitarbeiter befähigen,** stellt das letzte Element der Leadership-Kennzeichen dar. Kouzes und Posner (1991) nennen diesen Aspekt »**Enabling Others to Act**«: Die Aufgabe des Leaders, andere zu befähigen, gute Arbeit zu leisten. Befähigung ist auf verschiedenen Ebenen zu sehen; es geht um Kenntnisse, Wissen, Mentalität, um Befähigung also auch auf einem motivationalen Niveau. Hier finden sich die Coaching-Handlungen wieder. Coaching als die Fähigkeit und Fertigkeit, leistungsorientierte Entwicklungen im Bereich Einstellungen und Verhalten in Gang zu setzen.

A Theoretische Grundlagen

Wesentliche Elemente des Coaching sind:

- Bewusster und sensibler Umgang mit Anerkennung
- Offenes, zu Entwicklung führendes Feedback
- Die Lösungsgenerierung.

4.2 Leadership-Basics

Die nachfolgend dazustellenden Basics stehen in engem Bezug zu den Handlungsbereichen. Es sind kleine Erfolgskonzepte, die sicherstellen, dass die Basisvoraussetzungen erfüllt sind.

Wenn diese Faktoren im »grünen Bereich« sind, können sich die Motivationsfaktoren wie Beteiligung und Inspiration erst richtig entfalten (siehe Abbildung 11).

Abb. 11: Leadership-Basics

Wie beim Durchchecken eines Flugzeugs werden beim Check-up die wesentlichen Parameter geprüft. Es geht nicht um Abrechnung und Schuldigensuche, nicht um Vorwürfe, Killerphrasen und Rechtfertigung. Das Hauptziel des Check-up ist die Bearbeitung folgender Fragen:

1. Was ist angefallen? Was ist passiert? (Vergangenheit)
2. Mit welchen Themen müssen wir uns auseinandersetzen? (Gegenwart)
3. Welche Fragestellungen werden auf uns zukommen? (Zukunft)
4. Wie geht es den einzelnen? (Gefühl)

I. Inhalte und Gestaltungsmerkmale eines Nachwuchsentwicklungsprogramms

Check-up's finden regelmäßig statt. Jeden Tag, jede Woche, mindestens einmal im Monat. Sie dauern von einer Stunde bis zu einem Tag. Ein wichtiger Bezugspunkt im Check-up ist die Stimmung. Check-up's sollen Energie für alle Beteiligten aufbauen. Wenn Ihre regelmäßigen Meetings mit Ihren wichtigsten Mitarbeitern regelmäßig mit Frustration und schlechten Gefühlen enden, handelt es sich hierbei nicht um Check-up's.

Geben Sie dem, was die Mitarbeiter tun, einen Wert

Dies ist sicher ein entscheidendes Leadership-Konzept. In vielen Arbeitsbereichen müssen Tätigkeiten verrichtet werden, deren Wert sich nicht von sich heraus bestimmt.

Nehmen wir ein Beispiel: In den Flughäfen gibt es Informationsstände. Dort arbeiten in aller Regel gut ausgebildete Mitarbeiter und Mitarbeiterinnen. Menschen, die ein Studium abbrachen oder nach dem Studium keinen besseren Arbeitsplatz gefunden haben. Da sie meist mehrere Sprachen sprechen, erhoffen sich nun diese Menschen, durch diese Tätigkeit den Zugang zur großen, weiten Welt.

Allein sie müssen bereits nach wenigen Tagen feststellen, dass 80% der Passagiere, die an ihren Informationsschalter kommen, nach der Toilette fragen. Dies führt in aller Regel zu einer Frustration. Die Führungsaufgabe hier ist es, diesen Tätigkeiten einen Wert zu geben; Anreicherungen der Tätigkeit zu suchen, die eine eindeutige Interpunktion des Wertes ermöglichen. Diesen Menschen zu verdeutlichen, dass sie jeden Tag den Flughafen verkaufen, dass es maßgeblich von ihrem Verhalten abhängt, ob sich die Flughafen-Besucher wohlfühlen, zufrieden sind oder nicht. Diese Wertzumessung ist eine herausragende Führungsanforderung.

So wie die »Mona Lisa« zu einem wertvollen Gemälde wurde, als irgendwelche Menschen dieses Bild als einzigartig bewerteten, so werden die Aufgaben und Leistungen der Mitarbeiter durch die Bewertung der Vorgesetzten wertvoll. Diese Bewertung stellt für viele Mitarbeiter eine entscheidende Basis ihres Selbstwertes dar. Das wird leider viel zu oft verkannt.

Eine Erweiterung dieses Erfolgskonzeptes ist es, darauf zu achten, dass jeder Mitarbeiter **etwas** Wertvolles macht, eine Tätigkeit bekommt, an dem er/sie seinen/ihren Wert festmachen kann.

A Theoretische Grundlagen

Halten Sie die Waage zwischen Anerkennung und Kritik

Wer nur kritisiert, macht das Klima kaputt, wer nur anerkennt und alles positiv findet, wird nicht ernst genommen. So scheint auch hier die Lösung in der Differenzierung zu liegen. Wir möchten Ihnen als Erfolgswert das Verhältnis von Anerkennung zu Kritik von 2 : 1 vorschlagen. Es lässt sich wissenschaftlich begründen. Eine amerikanische Studie zur Vorhersage einer Ehe-Scheidungswahrscheinlichkeit hat in der Fokussierung aufgezeigt, dass in »gesunden« Ehen das Verhältnis von integrativen zu desintegrativen Handlungen 4 : 1 betrug. Correl (1978) hat nachgewiesen, dass in erfolgreichen Reden das Verhältnis von integrativ zu desintegrativ 1,9 : 1 war. Das soll unser vorgeschlagenes Verhältnis von Anerkennung zu Kritik nur untermauern.

Plausibel erscheint es allemal. Wichtig ist neben einer »Daumenregel«, dass Sie ein Gefühl entwickeln, wie es um die Stimmung bestellt ist. Das Thema Anerkennung wurde in Führungstrainings sicherlich schon ausgiebig behandelt. Vielleicht scheint es vielen schon ausgelutscht. Trotzdem finden wir als Berater in vielen Führungssystemen, dass es gerade an dem bewussten und gekonnten Umgang mit Anerkennung fehlt. Trotz aller Führungstrainings. Deshalb darf das Anerkennungskonzept in einem Leadershipansatz nicht fehlen – vielleicht stellt es eine entscheidende Basis dar.

Was muss man beim Umgang mit Anerkennung und Kritik beachten?

1. Anerkennung muss echt sein. Sie muss sich auf ein Ereignis beziehen.
2. Es braucht eine Sensibilität für Bemühungen. Viele Verbesserungsbemühungen werden nicht bemerkt. Damit gehen auch viele Chancen für Anerkennung und Entwicklung verloren. Kein Delphin würde springen lernen, wenn sein Dompteur nicht die zufälligen Sprünge bemerken und belohnen würde.

Nicht immer nur Gas geben . . . wer die Pause verordnet, bekommt mehr Berechtigung zum Fordern

Das vierte Erfolgskonzept orientiert sich, wie auch das dritte, an der Differenzierungsfähigkeit der Führungspersonen. Es geht darum, eine gute Mischung zwischen Fordern und Pausen zu finden. Wer immer nur fordert, wird mit der Zeit die Mannschaft »sauer fahren«. Wer nicht in der Lage ist zu fordern, wird bald mit einer »Schlafwagenabteilung« konfrontiert sein.

I. Inhalte und Gestaltungsmerkmale eines Nachwuchsentwicklungsprogramms

So wie im Hochleistungssport die Pause zum richtigen Zeitpunkt eine entscheidende Trainerintervention ist, so ist sie bei einem modernen Leadership-Konzept eine entscheidende Komponente. Weg von den stets druckmachenden und gehetzten Managern hin zu den Führungspersonen, die mit gesundem Menschenverstand abschätzen können, wo die Hochleistung in eine schlichte Überforderung überwechselt. Es hilft nichts, die Saite so zu spannen, bis sie reißt. So ist das Fordern im richtigen Maß förmlich eine Kunst. Nicht zuletzt deshalb haben wir in unseren Leadership-Skills gerade für das Fordern spezielle Vorgehensweisen entwickelt.

Geben Sie dem Mitarbeiter Schutz . . . nach oben, zur Seite und nach unten

Im Rahmen eines Trainings hatten wir in einem Kloster die Gelegenheit, mit der Äbtissin über Führung zu sprechen. Ein Satz von ihr hat mich besonders beeindruckt:»Wenn der Schutz fehlt, fehlt meist auch der Gehorsam und umgekehrt.« Mit diesen Worten hat sie einen bedeutenden Zusammenhang ausgedrückt, der mir bis zu diesem Punkt nicht so deutlich war. Zielkongruenz kann also nur entstehen, wenn die Mitarbeiter und Mitarbeiterinnen eines Arbeitsbereiches, insbesondere durch ihren/ihre Vorgesetzte(n), auch Schutz spüren. Schutz nach oben, nach unten, zur Seite und auch zum Kunden.

Gerade in den Zeiten hoher Kundenorientierung führen Kundenreklamationen, die womöglich auch aus einer überzogenen Erwartungshaltung herrühren und unberechtigt sind, oft dazu, dass Mitarbeiter diesen Anschuldigungen hilflos ausgeliefert sind. Schutz bieten heißt nicht, dass sich ein Vorgesetzter immer wie ein Bollwerk vor seine Mitarbeiter stellen muss, um Missstände und Leistungsmängel zu verdecken, er benötigt auch hier das richtige Maß. So schließen sich auch Schutz und ein klares, offenes Feedback gegenseitig nicht aus.

Sprechen Sie zweimal jährlich mit jedem Mitarbeiter über Ziele, Verbesserungen und über Perspektiven

In vielen Betrieben werden sogenannte institutionalisierte Beurteilungs- oder auch Mitarbeitergespräche durchgeführt. Im Rahmen dieser Gespräche sollen die Mitarbeiter eine Rückmeldung über ihre Stärken und Schwächen, über ihre Leistungen und persönliche Einschätzung bekommen. Die Gefahr dieser institutionalisierten Gespräche ist, dass sie bürokratisiert werden und zu einer reinen Pflichtübung zwischen Vorgesetztem und Mitarbeiter verkommen. So wertvoll grundsätzlich diese Gespräche sind, so wertlos sind sie, wenn sie nur aus einer Pflichterfüllung heraus getan werden. Selbst wenn es diese Gespräche in Ihrer Firma nicht formalisiert gibt, sollten Sie sich zweimal im Jahr eine Stunde Zeit nehmen, um mit jedem Mitarbeiter über Ziele, über Verbesserungen und Perspektiven zu sprechen. Diese Gespräche haben eine gewisse Bilanzierungsfunktion. Es soll ein Gleichklang zwischen den gegenseitigen Erwartungen hergestellt werden.

Das Gespräch hat, obwohl es durchaus kritisch verlaufen kann, eine motivierende Funktion. So ist es wichtig, dass sowohl Vorgesetzte als auch Mitarbeiter, gewissermaßen »gereinigt« aus dem Gespräch herausgehen und durch das Gespräch mehr Energie entstanden ist, als vorher vorhanden war. Das Gespräch ist also nicht eine einseitige Abrechnung, sondern sollte in seiner Entwicklung mehr und mehr dazu führen, dass beide Seiten, sowohl Mitarbeiter als auch Vorgesetzte ein großes Interesse haben, diesen Abgleich miteinander durchzuführen.

Bezüglich des **Abgleichs der Ziele** können Sie folgende Fragen verwenden:
- Was hatten Sie sich als Ziele vorgenommen?
- Was ist Ihnen gelungen?
- Was ist Ihnen nicht gelungen?
- Was vermuten Sie als Ursache?
- Welche Unterstützung brauchen Sie?
- Welche Ziele nehmen Sie sich für die nächste Periode vor?
- Wie werden Sie vorgehen, um die Ziele zu erreichen?

Bezüglich der **Erwartung** fragen Sie:
- Welche Erwartungen haben Sie für die nächste Zeit?
- Welche Erwartungen haben Sie generell?

Bezüglich der **erreichten Verbesserungen** können Sie fragen:
- Welche drei Verbesserungen haben Sie in den letzten drei Monaten umgesetzt?
- . . . mit welchem Erfolg?
- Woran kann man die Verbesserung merken?

4.3 Leadership-Kompetenzen

Nun zu den Regisseuren hinter dem Vorhang. Kompetenzen als realisierte Handlungsmöglichkeiten stellen die wesentliche Ausgangsvariable für die eben dargestellten Handlungsbereiche und Basics dar. Solche Kompetenzen können Sie aus der Abbildung 12 a–e entnehmen.

I. Inhalte und Gestaltungsmerkmale eines Nachwuchsentwicklungsprogramms

---

Erklärungen zu den Kompetenzen

Geschäfte entwickeln und vorantreiben
Leader haben ein Gespür für ertragreiche Geschäfte am Markt und verfügen über die Fähigkeit, mit Ausdauer und Elan diese Ergebnisse gemeinsam mit ihren Mitarbeitern zu erreichen.

Verhandeln
Leader verfügen über ein ausgeprägtes Verhandlungsgeschick und können dadurch auch in schwierigen, verfahrenen Situationen gute Lösungen erreichen.

Kundenorientierung
Leader kennen die Bedürfnisse ihrer Kunden und durchdenken Produkte, Abläufe und Verhaltensweisen konsequent »vom Kunden her«. Die Kundenzufriedenheit ist für sie der wichtigste Maßstab für die Güte von Lösungen.

Abb. 12 a: Leadership-Kompetenzen

Erklärungen zu den Kompetenzen

Umgang mit Konflikten
Leader haben keine Angst vor Konflikten, sondern setzen sich offen und konstruktiv mit Konflikten auseinander und suchen nach Lösungen, die dem »Win-Win-Prinzip« entsprechen.

Management von Veränderungen
Leader sehen bevorstehenden Veränderungen gelassen und positiv entgegen. Sie sind in der Lage, gemeinsam mit ihren Mitarbeitern auch umfassende Veränderungsprozesse erfolgreich zu gestalten.

Effektiv kommunizieren
Leader verstehen es so zu kommunizieren, dass sie auf allen Ebenen gut ankommen und verstanden werden. Sie sind in der Lage, durch eine gute Kommunikation menschliche Kontakte aufzubauen.

Visionen entwickeln
Leader sind in der Lage, Markttrends abzuschätzen und daraus zukunftsweisende, positive Visionen für den eigenen Bereich abzuleiten und diese inspirierend zu vermitteln.

Fachliches Know-How
Leader sind auf ihrem Fachgebiet sehr kompetent. Sie zeichnen sich durch ein breites Spektrum aus und überblicken auch angrenzende Themengebiete.

Strategisches Handeln
Leader haben einen Blick für das Wesentliche und verzetteln sich nicht in den Details des Alltags. Ihr Denken und Handeln ist von längerfristiger Perspektive geleitet. Dabei konzentrieren sie Ihre Kräfte auf das Erreichen der strategischen Erfolgsposition.

Selbstmanagement
Leader verstehen es, sich Ihre Zeit und Kraft so einzuteilen, dass sie die wesentlichen Dinge erledigen und sich bewusst Zeit für »Denken« und »Kommunizieren« einplanen. Deshalb sind sie für ihre Mitarbeiter gut erreichbar.

Qualitätsorientierung
Leader legen viel Wert darauf, dass alle Arbeiten auf einem hohen Qualitätsniveau erledigt werden. Sie implementieren geeignete Instrumente und Systeme zur Qualitätssicherung.

Abb. 12 b: Leadership-Kompetenzen

A Theoretische Grundlagen

Erklärungen zu den Kompetenzen

Qualität der Entscheidungen
Leader treffen – unter Einbeziehung relevanter Personen und Nutzung aller verfügbaren Informationen – Entscheidungen, die sich als richtig erweisen und Bestand haben.

Information
Leader besitzen die Fähigkeit, eingehende Informationen so zu selektieren und aufzubereiten, dass alle Mitarbeiter über die für sie relevanten Informationen verfügen. Sie informieren rechtzeitig und in der notwendigen Ausführlichkeit, sind aber in der Lage, die Informationsflut auf das Wesentliche zu reduzieren.

Planen und Organisieren
Leader verstehen es, auch komplexere Aufgabenstellungen so zu planen und zu organisieren, dass sie – unter optimaler Nutzung der vorhandenen Ressourcen – pünktlich und in guter Qualität abgeschlossen werden können.

Analytisches Denken und Vorgehen
Leader sind in der Lage auch neue, komplexe Situationen und Zusammenhänge logisch zu analysieren und die richtigen Ansatzpunkte zu finden.

Menschlicher Kontakt
Leader besitzen die Fähigkeit, zu unterschiedlichsten Menschen und Charakteren einen guten menschlichen Kontakt aufzubauen und einen Zugang zu den anderen Menschen zu finden.

Gestaltungswille
Leader zeichnen sich durch ein hohes Maß an Eigenmotivation und -antrieb aus. Sie wissen, was Sie erreichen wollen und verfolgen diesen Weg, ohne dazu aufgefordert werden zu müssen.

Einfluss auf andere
Leader verstehen es, einen natürlichen, positiven Einfluss auf andere auszuüben ohne sich über sie hinwegzusetzen oder arrogant und autoritär zu wirken.

Abb. 12 c: Leadership-Kompetenzen

I. Inhalte und Gestaltungsmerkmale eines Nachwuchsentwicklungsprogramms

Erklärungen zu den Kompetenzen

Sich Raum nehmen
Leader können sich in ihrem Umfeld behaupten und sich auch gegen höhergestellte Personen mit anderen Ansichten durchsetzen. Sie haben den Mut, Dinge einfach einmal auszuprobieren und nehmen dabei auch bewusst Risiken in Kauf.

Glaube an die Selbstwirksamkeit
Leader vertrauen in ihre eigenen Fähigkeiten und Stärken und scheuen sich nicht davor, im Rampenlicht zu stehen und Dinge notfalls auch alleine durchzuziehen.

Passion fürs Lernen
Leader suchen ständig neue Herausforderungen und nutzen diese als Lernchancen. Sie lernen aus ihren Erlebnissen und Erfahrungen und setzen diese in neue Handlungsalternativen um.

Einfühlungsvermögen und Toleranz
Leader können sich gut in andere Personen hineinversetzen und konstruktiv mit den unterschiedlichsten Menschen umgehen.

Integrität und Kalkulierbarkeit
Leader sind in ihrem Verhalten stabil und verlässlich. Sie haben »sich im Griff« und sind in ihrem Verhalten kalkulierbar.

Fassung und Gelassenheit
Leader reagieren auch in Druck- und Stresssituationen gelassen und verlässlich. Sie behalten ihre Fassung und handeln auch in unerwarteten Situationen überlegt und angemessen.

Konfrontation und Durchsetzungsfähigkeit
Leader sind in der Lage, einen deutlichen (auch unpopulären) Standpunkt zu beziehen und unzureichende Leistung oder unangemessenes Verhalten zu konfrontieren und ihre Erwartungen klar einzufordern.

Auswahl Mitarbeiter
Leader haben »eine gute Hand« in der Auswahl ihrer Mitarbeiter. Sie stellen Mitarbeiter ein, die sowohl fachlich als auch persönlich gut in das Team passen und die eine Ergänzung und Bereicherung für das Team darstellen.

Abb. 12 d: Leadership-Kompetenzen

A Theoretische Grundlagen

> **Erklärungen zu den Kompetenzen**
>
> **Mitarbeiter motivieren**
> Leader verstehen es, durch ihr gesamtes Leadership-Verhalten (Inspiration, Interaktion, Sinn geben, »Es-geht-Haltung«) Mitarbeiter zu begeistern, deren Energien und Leistungsbereitschaft zu mobilisieren und sie zur Höchstleistung zu führen.
>
> **Politisches Geschick**
> Leader können sich im politischen Umfeld des Unternehmens sicher und diplomatisch bewegen. Sie kennen die »Spielregeln« und wissen, konstruktiv damit umzugehen.
>
> **Zusammenarbeit Vorgesetzte**
> Leader gestalten die Zusammenarbeit mit ihrem Vorgesetzen aktiv. Sie schaffen eine vertrauensvolle und produktive Beziehung und sichern sich damit Unterstützung für sich und das Team.
>
> **Zusammenarbeit Kollegen**
> Leader verstehen es, konfliktfrei und kooperativ mit ihren Kollegen zusammenzuarbeiten. Sie unterstützen Kollegen und fordern aktive Unterstützung und Hilfestellung ein.
>
> **Interkulturelle Kompetenz**
> Leader sind offen und wertneutral und kommen gut mit Menschen unterschiedlichster kultureller und nationaler Herkunft aus.

Abb. 12 e: Leadership-Kompetenzen

Kompetenzen sind Handlungsmöglichkeiten. Sie sollen in ihrer Gesamtheit das Leadership-Verhalten komplett abdecken. Natürlich sind die Stärken und Schwächen bezüglich dieser Kompetenzen bei den Managern unterschiedlich verteilt. Ebenso die Anforderungen, die an Führungskräfte ergehen. Deshalb lassen sich aus der Gegenüberstellung solcher Stärken und Schwächen bzw. Anforderungen sehr schnell und effizient Entwicklungsfelder unterschiedlicher Couleur darstellen. Kompetenzen, die aus dem mittleren Stärke-Bereich zu höchsten Kompetenzen entwickelt werden müssen und Kompetenzen, die als Gaps, als Entwicklungsfelder definiert sind, weil größte Schwächen eigentlich größte Stärken sein müssten. Gleichsam lässt sich aus einer solchen Gegenüberstellung ein Überdeckungsgrad ermitteln zwischen den höchsten und hohen Anforderungen und den betreffenden Stärken und Schwächen.

Wie bereits ausgeführt, hängt die Dynamik der Potenzialentwicklung im wesentlichen von zwei Faktoren ab:

1. Der Fähigkeit, aus **Erfahrung zu lernen**,
2. Anzahl der **herausfordernden neuen Situationen**.

I. Inhalte und Gestaltungsmerkmale eines Nachwuchsentwicklungsprogramms

Beide Bedingungen müssen für Potenzialführungskräfte erfüllt sein. Generell lassen sich bei der Entwicklung von Managern zwei Phasen unterscheiden:

1. Die Phase des **geplanten Lernens**,
2. Die Phase des **Erlebenslernens**.

Unter geplantem Lernen können alle Lernerfahrungen von Schule, Universität, Ausbildungen zusammengefasst werden.

Das Erlebenslernen beinhaltet alle Lernsituationen des Alltags-/Berufslebens, also des Lernens aus den Situationen, Chancen, Risiken und Herausforderungen, die das alltägliche Leben stellt. Die Fähigkeit zu dem Erlebenslernen, also zu dem Lernen aus den gemachten Erfahrungen, ist die eigentliche Basis der Potenzialentwicklung. Diese Fähigkeit korreliert am höchsten mit beruflichem Erfolg. Wie diese Fähigkeit konkretisiert werden kann, sehen Sie aus nachstehender Abbildung.

Potenzialfaktoren

1. Mentale Agilität
- kann auch in komplexen Kontexten die wesentlichen Hebelfaktoren erkennen
- beherrscht komplexe Sachverhalte und Situationen.

2. Persönliche Agilität
- ist sich seiner/ihrer selbst bewusst und sucht aktiv Feedback zur eigenen Wirkung
- unterstützt andere, damit sie erfolgreich sein können.

3. Lern-Agilität
- lernt von anderen Personen.

4. Agilität bei Veränderung
- sucht ständig nach Neuem und experimentiert
- geht energisch voran, ohne sich von anderen aus der Richtung bringen zu lassen.

5. Agilität in der Kommunikation
- versteht es, adressatengerecht zu kommunizieren.

Abb. 13: Beschreibungsmerkmale des Potenzialverhaltens

Wer die mittleren Lebensjahre nutzt, um aus Herausforderungen zu lernen, wird – sofern grundsätzliches Potenzial vorhanden ist – mit 45 für den Top-Job bereit sein. Diese Person wird ein breites Spektrum an Kompetenzen entwickelt haben, die es ihm/ihr ermöglichen, komplexe neue Situationen und Herausforderungen zu bewältigen. Die Nicht-Potenzial-

A Theoretische Grundlagen

Träger werden auch Managementkompetenzen entwickelt haben, allerdings in einem viel schmaleren Spektrum. Sie sind in ihrem angestammten Fachgebiet leistungsfähig, können aber nicht weiterreichenderen, komplett neuen beruflichen Konstellationen entsprechen.

Von den Indikatoren lassen sich die Potenzialfaktoren wie folgt darstellen. Es sind diese Faktoren, die bei der Potenzialführungskraft zur Entwicklung gekommen sind (siehe Abbildung 14).

Welche Anforderungen ergehen an die Führungskraft in der **zielorientierten Führung?**

– *Persönliche Vision* als Basis der Energie
– *Positive Ausstrahlung* und Wirkung auf andere
– Fähigkeit, einen *echten menschlichen Kontakt* herzustellen
– *Selbstsicherheit* und Bereitschaft, sich Raum zu nehmen
– Selbstausgelöste *Initiative*
– Unerschütterlicher Glaube an die *Selbstwirksamkeit*

Abb. 14: Hauptmerkmale der Führungspersönlichkeit

Insofern gibt es für die Diagnose und Entwicklung des Potenzials zwei wesentliche Bereiche. Den Treibsatz als die Fähigkeit aus Erfahrung zu lernen und die in der Entwicklung der Persönlichkeit zunehmend sichtbar werdenden Potenzialfaktoren.

Ein weiterer Faktor für die Bestimmung des Top-Performers ist der Grad der Ausprägung sogenannter **Spin-out-Faktoren**. Spin-out – bekannt vom Windsurfen als Strömungsabriss an der Finne mit der Folge, dass das Surfbrett nicht mehr gesteuert werden kann – soll für dieses Phänomen als Synonym stehen. Spin-out-Verhalten führt, abhängig von der Verwurzelung in einer Organisation, zu Schwierigkeiten in der eigenen Laufbahnentwicklung. Je höher der Ausprägungsgrad der Spin-out-Faktoren, je höher die Anzahl der Spin-out-Faktoren und je geringer die Verwurzelung einer Person in einem Arbeitsbereich oder Firma ist, um so mehr ist die Karriere gefährdet. Eine Aufstellung von 16 Spin-out-Faktoren finden Sie in Abbildung 15.

Spin-out-Faktoren sind weitgehend unabhängig von Potenzialfaktoren. So ist es zu erklären, dass talentierte Führungskräfte, die ein sehr hohes Potenzial besitzen, sich immer wieder durch ihr Spin-out-Verhalten in der eigenen Entwicklung und in der Entwicklung ihrer Karriere hindern.

I. Inhalte und Gestaltungsmerkmale eines Nachwuchsentwicklungsprogramms

---

Spin-out-Faktoren

- Legt wenig Gewicht auf die personelle Qualität bei der Auswahl seiner/ihrer Mitarbeiter oder bei der Zusammenstellung eines Teams
- Ist eher misstrauisch oder arrogant gegenüber anderen Menschen; glaubt nicht an den Leistungswillen der Mitarbeiter
- Zieht sich beleidigt zurück, wird laut oder ärgerlich, wenn die Dinge nicht nach seinen/ihren Vorstellungen laufen
- Gibt zu schnell auf, hat keine Geduld oder kein Durchhaltevermögen
- Bemerkt nicht, dass er/sie in der gegenwärtigen Position nicht verwurzelt ist; lehnt sich zu weit aus dem Fenster
- Schafft es nicht, die Akzeptanz seiner Vorgesetzten zu bekommen, weil er/sie seine/ihre Werte und Verhalten nicht synchronisieren kann
- Zeigt zu angepasstes Verhalten, konfrontiert weder nach oben noch nach unten; löst entscheidende Personalprobleme nicht
- Verhält sich zu teamorientiert, zu gesellig; fordert und entscheidet nicht oder bezieht keine Position.
- Erstarrt in seinem/ihrem Verhalten; lernt nicht mehr dazu und verliert seine/ihre Flexibilität; ist unfähig, sich auf neue Situationen einzustellen
- Verhält sich zu egozentriert, denkt nur an eigene Interessen und verfolgt allein persönliche Ziele
- Hat einen Job angenommen, der in den Augen der Kollegen keinen eigentlichen Zugewinn bringt (z.B. nur Koordination)
- Kann trotz Feedback sein Verhalten nicht ändern, zieht sich zurück und verdrängt Veränderungsnotwendigkeiten
- Schafft es nicht, seine/ihre Mitarbeiter für sich einzunehmen; die meisten fürchten ihn/sie oder lehnen ihn/sie ab
- Es fehlen ihm/ihr für den Job entscheidende Kenntnisse oder Fähigkeiten (sowohl fachlich-inhaltlich wie auch strategisch)
- Hat zu wenige in der Organisation, die zu ihm halten
- Verhält sich in politischen Angelegenheiten zu verbissen; hat kein diplomatisches Geschick.

Abb. 15: Spin-out-Faktoren

Nun zu dem Bereich Persönlichkeit an sich. Hier möchte ich zentrale Dimensionen der Persönlichkeit darstellen, die in dem Führungskontext sicher eine Rolle spielen. Dies eher auf einem grundsätzlichen Niveau.

Dies ist das Zentrum eines neuen Leadershipverhaltens. Wir haben die einzelnen Facetten zum Thema Persönlichkeit in der Abbildung 16 dargestellt.

A Theoretische Grundlagen

Abb. 16: Leadership-Anforderungen an die Persönlichkeit

Die erste Fähigkeit, die aus diesem Modell abzuleiten ist, ist die Fähigkeit, einen **menschlichen Kontakt** herzustellen. Diese, in vielen Lebenssituationen wichtige Fähigkeit, scheint in der Führungssituation eine Kristallisation zu erleben. Ich möchte Ihnen zur Verdeutlichung eine kleine Begebenheit aufzeigen:

Im Rahmen eines USA-Aufenthaltes besuchten wir in San Diego den SeaWorld-Park. Während einer der Vorführungen, bei der die Trainer mit Killerwalen, Delphinen etc. aufzeigten, zu welchen Kunststücken diese Tiere fähig sind, fragte einer der Trainer in das Publikum: »Warum glauben Sie, dass das was wir hier tun, funktioniert?« Er beantwortete kurze Zeit danach seine rhetorisch gestellte Frage selbst mit den Worten: »Dies alles funktioniert, weil wir zu den Tieren eine Beziehung haben.« Ich dachte mir dabei, wenn es diesen Trainern gelingt, mit Killerwalen eine Beziehung herzustellen, dann müsste es doch auch den meisten Führungskräften gelingen, mit ihren Mitarbeitern eine Beziehung zu schaffen. Eine Beziehung, die mehr ist, als wenn man dem Tagesschausprecher im Fernsehen in die Augen schaut.

Das sollte nicht mit Kameraderie verwechselt werden. Eine solche Beziehungsqualität ist zum Beispiel dann vorhanden; wenn sich beim Anrufen die Stimme des anderen positiv verändert oder wenn sich beim Begegnen positive Gefühle einstellen und Sie ein Lächeln, jedenfalls eine positive Mimikveränderung beobachten können. Es braucht also eine mehr oder weniger große Beziehungsqualität in der Führungsbeziehung.

Jedenfalls bedingt sie für die Führungspersonen, dass sie an ihrer Fähigkeit arbeiten, echte menschliche Kontakte herstellen zu können. Hinderlich

I. Inhalte und Gestaltungsmerkmale eines Nachwuchsentwicklungsprogramms

für diesen Prozess sind natürlich ein überzogenes oder grundsätzliches Misstrauen, oder eine Arroganz, die Unsicherheit kompensiert. Dies führt uns zur zweiten Facette, der **Glaubwürdigkeit**.

Kouzes und Posner (1991, S. 22) fassen Creditibility zusammen: »Die Mitarbeiter müssen darin Glauben haben, dass sie den Worten der Leader vertrauen können, dass diese tun, was sie sagen und dass sie das Wissen und die Fähigkeit haben, zu führen und persönlich von der Richtung, in welche die Entwicklung geht, überzeugt und begeistert sind.«

Vorgesetzte sind Vorbilder, auch wenn sie es eigentlich nicht sind. Die Übereinstimmung von Sagen und Tun ist bestimmt keine neue Erfindung, aber wenn man die Führungsrealität beobachtet, braucht gerade dieser Punkt unseres Erachtens eine eindeutige Interpunktion.

Wenn es in Ihrem Unternehmen Führungspersonen gibt, die glaubwürdig sind, ist das ein unschätzbares Kapital, weil Sie sehr viel Geld dafür sparen können, Ihre Führungskräfte in aufwendigen Trainings auszubilden. Das Lernen vom Vorbild ist immer noch eine der effizientesten Lernformen. In einer Zeit, wo man aufgrund der flachen Strukturen auf Selbstverantwortung und Selbststeuerungsfähigkeit setzen muss, bekommt gerade die Glaubwürdigkeit der Führungspersonen als unabdingbare Voraussetzung für das Funktionieren dieses Prozesses eine enorme Bedeutung.

Wer an 30 Tagen »gut drauf ist« und sich auf allen Parketts der Welt bewegen kann und am 31sten Tag »ausrastet«, der wird es erreichen, dass seine Mitarbeiter die wahrgenommene Atmosphäre des Klimas ihres Arbeitsbereiches nach dem 31sten Tag ausrichten. So kosten die Unkalkulierbarkeiten und die unvorhersehbaren Gefühlsschwankungen sowohl in den aggressiven wie in den depressiven Bereichen die Firmen ungeheuer viel Geld. Nicht nur, weil sich die Mitarbeiter stundenlang auf den Gängen darüber unterhalten, sondern weil es ihnen ihre Energie raubt.

So geht mit diesem Leadershipmodell die Forderung einher, dass Vorgesetzte auch an ihren inneren Schwierigkeiten arbeiten, dass sie sich so weit innerlich verfestigen müssen, dass sie kalkulierbar werden und eine gewisse emotionale Distanz zu ihren gefühlsmäßigen Reaktionen entwickeln. Dies alles nicht aus einer ethisch-humanistischen Sicht, sondern weil sonst sehr viel Energie geblockt wird. Die Vorgesetzten müssen sich **»im Griff haben«**. Nicht dadurch, dass sie sich selbst disziplinieren, sondern dadurch, dass sie an sich arbeiten und die Faktoren, die diese destruktiven Reaktionen hervorrufen, in eine konstruktive Haltung verwandeln. Dazu muss man sich selbst kennen.

Dieser Vorgang wird mit »Managing Yourself« umschrieben (Bennis,

A Theoretische Grundlagen

Parikh und Lessem, 1994). Sich über seine Möglichkeiten bewusst werden, dieselben zu entwickeln und sich aus dem Käfig einschränkender Glaubenssätze zu befreien. Auch das Wissen um die eigene innere Dynamik und damit verbunden die Fähigkeit, innere Balance zu schaffen, sind wesentlich für den »Master-Manager«. Die Lösung innerer Konflikte stellt auch für Bass (1986) eine wesentliche Anforderung an den charismatischen Führer dar. Auch DePree (1990) betont die Entwicklung einer persönlichen Reife. Der Manager muss in engem Kontakt zu einer tieferen Ebene seiner selbst stehen. Dadurch ist er in der Lage, andere zu inspirieren (Bennis, Parikh und Lessem, 1994). Die sogenannten Glaubenssätze sind nach Senge (1990) als die eigenen Vorstellungen über das, was geht und was nicht geht, dafür verantwortlich, dass viele gute Ideen nicht umgesetzt werden.

So wie nach C. G. Jung das Leben eine dauernde Veranstaltung ist, sich selbst zu erkennen, so steht die Kenntnis der eigenen Stärken, der Möglichkeiten, der Schwächen und Grenzen sehr eng im Zusammenhang zum Vorhergesagten. Wer seine größten Stärken kennt, kann sie ausbauen, sie ganz bewusst einsetzen, wer seine größten Schwächen kennt, kann zumindest lernen, damit umzugehen.

Auch hier liegt die Chance in der Differenzierung. Nicht perfekt sein zu wollen, sondern zu lernen, zu differenzieren, wo Stärken und Schwächen sind, zu lernen, diese Stärken zu entwickeln und die Schwächen zu kompensieren. Letzten Endes führt es zu der Frage, wie Führungskräfte eine natürliche Autorität entwickeln, wie sie **sich selbst zur Wirkung bringen**. Führen im modernen Sinne heißt nicht: Aufgaben formulieren, Ziele setzen, Delegieren, Kontrollieren, Beurteilen und Gehalt festsetzen. Führen in diesem Sinne heißt Einfluss ausüben, ein Einfluss, der von der eigenen Person ausgeht. So ist es wichtig, dass sich jede Führungsperson über die eigene Wirkung klar wird und daran arbeitet, diese Wirkung zu differenzieren und auszuprägen. Nicht gemeint ist damit: Autoritär zu sein. Das autoritäre Syndrom ist bestenfalls eine fehlgeleitete, natürliche Autorität oder schlechtenfalls eine Kompensation eines Minderwertigkeitsgefühles.

Hier geht es um die Entfaltung einer echten Wirkung, einer Strahlkraft, die von Menschen ausgehen kann. Diese Strahlkraft ist von Mensch zu Mensch unterschiedlich. Sie kann laut oder leise sein, aber sie wird auf jeden Fall eine Wirkung auf das Verhalten von anderen Menschen haben. So wird auch jeder Mensch, zugegeben in unterschiedlichem Maße, in der Lage sein, eine solche Wirkung zu entfalten. Sicherlich hat diese Wirkung sehr viel mit der Klärung der vorgenannten Punkte zu tun und kann als Resultat der Realisierung der vorgenannten Facetten gesehen werden.

I. Inhalte und Gestaltungsmerkmale eines Nachwuchsentwicklungsprogramms

Leadership-Skills

Mit den Leadership-Skills möchten wir Ihnen ein Stück Handwerkszeug aufzeigen, um die genannten Anforderungen erfüllen zu können. Es sind einzelne Gesprächshaltungen, die bewusst auf eine gewisse Einfachheit reduziert wurden. Damit werden sie erlernbar. Diese einzelnen Gesprächshaltungen sollte jeder, der sich einer Führung als Profession verschrieben hat, in seinem Repertoire haben. Wir haben diese einzelnen Facetten in der folgenden Abbildung 17 dargestellt.

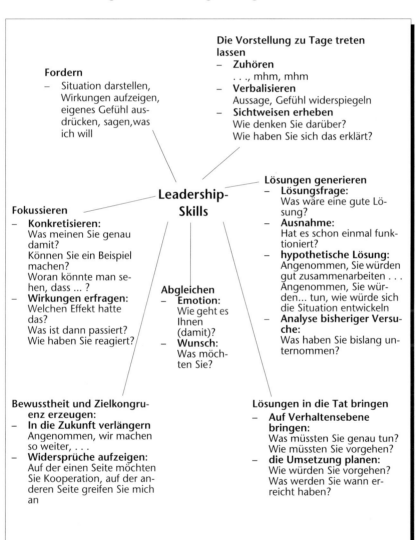

Abb. 17: Leadership-Skills

5 Zusammenfassung

Mit diesem Projekt konnte ein Nachwuchsentwicklungsprogramm der ganz besonderen Art verwirklicht werden. Der Rahmen und die Bedingungen waren traumhaft. Die Möglichkeit, mit den Teilnehmern in einem echten, realen Kontext zu arbeiten, die Unterstützung der Mentoren bei den aufgetretenen Schwierigkeiten, die Gelassenheit der Geschäftsleitung bei den Schwierigkeiten, die unweigerlich auftraten, die zwar bewusst zurückhaltende aber vorhandene Unterstützung der Geschäftsleitung ermöglichten es allen Beteiligten, ungeahnte Erfahrungen zu sammeln. So kann dieses Programm als Modell dienen. Mehr braucht nicht gesagt zu werden.

II. Förderungsprogramme als Instrument der personellen Zukunftssicherung

Von Dr. Rolf Th. Stiefel

»Das Gras wächst nicht schneller,
wenn man daran zieht.«
Alte Bauernweisheit

1 Begriff, Stellenwert und Bedeutung der Förderung in der betrieblichen Personalentwicklung

In der betrieblichen Entwicklungsarbeit gibt es unterschiedliche intentionale Maßnahmen, die man grob in zwei Kategorien gruppieren kann:

- Entwicklungsmaßnahmen, die sich an den Inhaber eines bestimmten Aufgaben-Portfolios wenden und die sich zum Ziel setzen, den Mitarbeiter für die Wahrnehmung dieser Aufgaben weiterzuentwickeln.

- Entwicklungsmaßnahmen, die sich an eine ausgewählte Person oder an einen bestimmten Mitarbeiterkreis richten, um deren Potenzial für die zukünftige Verwendung im Unternehmen zu »veredeln«.

Im ersten Fall spricht man von **aufgabenorientierten Entwicklungsmaßnahmen**; im zweiten Fall findet sich der Begriff der **personorientierten Entwicklungsmaßnahme**, da nicht eine bestimmte Aufgabe, sondern die Person eines Mitarbeiter oder einer Führungskraft im Vordergrund steht.

Mit der personorientierten Wertschöpfung möchte eine Personalentwicklungsabteilung einen Beitrag dazu leisten, dass einem Unternehmen die Mitarbeiter zur Verfügung stehen, die es zur Realisierung seiner zukünftigen strategischen Erfolgspositionen braucht. Damit ist der Grundauftrag oder auch der Existenzgrund einer derartigen Abteilung abgesprochen: Ein Unternehmen bei der Implementierung seiner Strategien zu unterstützen und dafür Produkte, Projekte und Serviceleistungen bereitzustellen.

Einige beispielhafte **Projekte der strategieumsetzenden Personalentwicklung**:

▶ Bearbeitung eines unternehmensweiten Bedarfs über **ein großflächig angelegtes Veränderungsprojekt,** bei dem sich alle Führungskräfte

A Theoretische Grundlagen

innerhalb eines überschaubaren Zeitrahmens mit einem bestimmten strategisch relevanten Thema befassen.

▶ Durchführung eines **Schlüssel-Entwicklungsprogramms**: Eine besonders wichtige Abteilung im Rahmen der anstehenden Strategieumsetzung erhält die Möglichkeit, ihren Wertschöpfungsbeitrag für das Unternehmen mit Hilfe zusätzlicher PE-Investitionen zu erhöhen.

▶ Die **Inhaber einer strategisch bedeutsamen Schlüsselposition** nehmen als einzelne und als Gruppe an einem für sie geplanten und auch durch sie selbst gestalteten Lern- und Entwicklungsprozess teil, um auf ihrer Position mehr Leistung und Wertschöpfung für das Unternehmen zu erbringen und gegenüber Mitbewerbern im Markt einen qualitativen Wettbewerbsvorsprung zu sichern.

▶ Im Rahmen der **zukunftssichernden Förderung von vorhandenem Potenzial** bei Mitarbeitern werden Maßnahmen eingesetzt, die die Potenzialträger für zukünftige Situationen im Unternehmen »veredeln«, ohne dass zum Qualifizierungszeitpunkt feststeht, wann und in welcher bestimmten Situation die vorhandene Einsatzflexibilität bei den geförderten Personen Verwendung findet. Dazu gehören Projekte, wie sie im Folgenden beispielhaft zusammengestellt werden:

Das »neue offene Programm«	Alle Mitarbeiter, die für eine erfolgreiche Mitgliedschaft in einem lernenden Unternehmen Fähigkeiten erwerben wollen
Trainee-Programme	Hochschulabsolventen für eine Vorbereitung auf eine erste Führungsposition
Umstiegsprogramme	»Stäbler« und Professionals
Führungsnachwuchsprogramme	Sachbearbeiter auf dem Weg zu einer ersten Führungsposition
Brückenprogramme	Führungskräfte für die Übernahme einer Position im Rahmen einer harten Rotation
Führungskräfte-Entwicklungsprogrammme	Führungskräfte mit mehrjähriger Führungserfahrung zur Vorbereitung auf ranghöhere Führungsaufgaben
Führungskräfte-Mobilitätsprogramme	Führungskräfte mit hoher Verweildauer in einer erreichten Führungsposition, um sie wieder für neue Aufgaben einsetzbar zu machen.

II. Förderungsprogramme als Instrument der personellen Zukunftssicherung

| »Direktoren«-Entwicklungsprogramme | Führungskräfte zur Vorbereitung in den OFK (Oberer Führungskreis) |
| Entwicklungsprogramme für Vorstands- und Geschäftsführungs-Kandidaten | OFKs zur Vorbereitung auf Positionen auf der Geschäftsführungs-Ebene |

Legt man den angesprochenen Projekten das folgende Raster zugrunde, dann erhalten Förderungsprogramme den Stellenwert der personellen Zukunftssicherung und tragen dazu bei, dass mit dem Erwerb von neuen Fähigkeiten und Verhalten zukünftige Herausforderungen im Unternehmen bewältigt werden.

Kategorisierung der Förderungsprogramme im Rahmen der strategieumsetzenden Personalentwicklung

Manager als Individuum		Sämtliche Programme der Förderung von Mitarbeitern und Führungskräften in einem Unternehmen
Manager mit Team und Abteilung		
Manager als Kollektiv		
	Bewältigung von Herausforderungen in der gegenwärtigen Arbeitssituation	Bewältigung von zukünftigen Herausforderungen im Unternehmen

2 Warum die »richtige« Gestaltung von Förderungsmaßnahmen so wichtig ist

In den meisten Unternehmen ist der Schwerpunkt der Weiterbildungs- und PE-Arbeit auf die **Bewältigung von Herausforderungen in der gegenwärtigen Arbeitssituation gerichtet** und demzufolge waren aufgabenorientierte Trainings- und Entwicklungsmaßnahmen im Vordergrund der Betrachtung.

Bis heute kreist in Unternehmen der gedankliche Bezugsrahmen der PE- und Bildungsverantwortlichen primär um aufgabenorientierte Entwicklungsmaßnahmen. Dafür spricht die zentrale Diskussion des Themenkreises der Lerntransfer-Sicherung und die damit in Verbindung stehende praktische Umsetzung der »Generalisationstheorie« oder der »Theorie der identischen Elemente«. Beide Theorien laufen darauf hinaus, dass das Lernen eines Teilnehmers dann positiv ist, wenn er in seiner Situation eine möglichst große Ähnlichkeit zu einer gegenwärtigen oder zukünftigen Aufgabenstellung am Arbeitsplatz erlebt. Sei es, dass die Situationen von Lern- und Arbeitsfeld identische Elemente für einen Teilnehmer aufweisen (Theorie der identischen Elemente) oder dass ein Lerntransfer in dem Maße stattfindet, wie es möglich ist, die Erkenntnisse der Lernsituation so für Teilnehmer zu verallgemeinern, dass sie auch für ihre Aufgaben am Arbeitsplatz relevant werden.

Die bisher in Unternehmen geführte Diskussion zur Qualitätsverbesserung betrieblicher Entwicklungsarbeit, die sich im wesentlichen als eine Diskussion zur Erhöhung des Lerntransfer-Potenzials von Trainingsmaßnahmen und als Beschleunigung der Umsetzung des Gelernten in die Praxis darstellt, muss Förderungsmaßnahmen zwangsläufig aussparen, weil die Teilnehmer dort über keine konkrete Aufgabe verfügen, auf die sie das Gelernte anwenden können. Die in der klassischen Lerntransfer-Perspektive übliche Blickstellung der Anwendungsmöglichkeit des Gelernten in der Praxis führt Förderungsmaßnahmen zu wesentlich komplexeren Fragen, die gleichsam als **Lerntransfer-Problem höherer Ordnung** einzustufen sind:

- Hat ein Teilnehmer die Fachkompetenz erworben, die für eine ungewisse zukünftige Verwertung im Unternehmen notwendig ist?
- Kann ein Teilnehmer die zum Zeitpunkt der Förderungsmaßnahme erworbene Fachkompetenz so konservieren, dass sie bis zum ungewissen Verwertungszeitpunkt *a jour* bleibt oder sich im Anschluss an die Förderungsmaßnahme sogar selbsttätig weiterentwickelt?
- Hat der Teilnehmer die notwendige Fachkompetenz in einer Art und Weise erworben,
  - die keinen Anspruch an das Unternehmen nach einer sofortigen höherwertigen Position mit sich bringt,
  - die keine demotivierenden Wirkungen verursacht, wenn das Qualifizierungsergebnis vom Unternehmen nicht sofort verwertet wird oder
  - die keine konkreten Abgänge aus dem Unternehmen zur Folge hat, weil das
  - Qualifizierungsergebnis vom Mitarbeiter als »brachliegend« empfunden wird?

II. Förderungsprogramme als Instrument der personellen Zukunftssicherung

Diese Fragen vermitteln die Komplexität der richtigen Gestaltung der Förderung von Mitarbeitern und Führungskräften. Und weil dieses »Entwicklungsterrain« so schwierig ist, wird auch in Unternehmen besonders viel falsch gemacht. Während bei der aufgabenorientierten Entwicklung Fehler sich lediglich im ausbleibenden Lerntransfer am Arbeitsplatz niederschlagen, führen Fehler bei der Führungskräfteförderung zu

- Krisen im Unternehmen, weil für neue Märkte, Produkte und Geschäftssituationen in der Zukunft keine entsprechenden Kompetenzen in der Führungsmannschaft aufgebaut wurden,
- Beziehungs- und Klimaverschlechterungen zwischen einzelnen Führungskräften und damit häufig auch zwischen Abteilungen, wenn einzelne Führungskräfte ohne nachvollziehbare Nominierungskriterien die Chance zur Förderung erhalten,
- Gewinner-Verlierer-Situationen im Management, die sich auch im Abgang qualifizierter Kräfte bemerkbar machen,
- schwer korrigierbaren Situationen, wenn die fehlerhaft entwickelten und oder falschen Führungskräfte in zentrale Machtpositionen gelangen,
- hohen Ausgaben, wenn man die Teilnahmegebühren mancher Business School-Programme heranzieht und zu
- besonders gravierenden Kosten, wenn eine zu fördernde Führungskraft einer Schlüsselabteilung im Unternehmen entweder die Chancen ihrer Position nicht nützen kann oder wenn ihr gewaltige Entscheidungsfehler unterlaufen.

3 Design-Aspekte und Design-Konzepte in der Förderung

Design umschreibt die Gesamtheit der Variablen in der Förderung, mit deren Gestaltung man die Transformation von Zustand A zu einem angestrebten Zustand B steuern möchte. Im Folgenden werden einige Aspekte und Programm-Designs in der Förderungsarbeit beschrieben.

3.1 Vier Modelle der Führungskräfteförderung

Für die Förderung von Führungskräften stehen in der Praxis vier Modelle gedanklich Pate:

Bei dem **Modell der kognitiven Kompetenzerweiterung** erwerben die Teilnehmer neue horizonterweiternde Lerninhalte, die sich im wesentlichen im allgemeinen Erwerb von Wissen über Führung in seinen verschiedenen Lernstufen des Verstehens, Anwendens und Beurteilens erschöpfen. Die Lernprozesse werden durch Vollzeitprogramme mit Intensivcharakter durchgeführt, wobei die Förderungsdauer in der Regel nur über maximal einige Wochen geht. Typisches Beispiel für diese Art von Förderungsmaßnahmen sind jene 2- oder 3-Wochen-Kurse über Führung, in denen eine umfangreiche »intellektuelle Kost« den Teilnehmern vorgesetzt wird.

Das Modell der **allgemeinen kognitiven und sozialen Kompetenzerweiterung** unterscheidet sich vom ersten dadurch, dass zusätzlich zur Vermittlung von Führungswissen auch das Verhalten der Teilnehmer angesprochen wird. Dabei verfolgt man lediglich allgemeine Lernziele der Sensibilitätssteigerung sowie der Zunahme der Verhaltensflexibilität. Da das Verhaltenslernen eher als Anhang zum Wissenserwerb betrieben wird, bleibt der Lernprozess oft in der Sensibilitätssteigerung stecken, weil man zwar jetzt über seine Wirkung auf andere etwas erfahren hat, aber nicht genügend Zeit hatte, die damit notwendige Ausprägung von neuem Verhalten zu entwickeln. Typische Beispiele dieser »Schule« von Förderungsmaßnahmen sind die an Management-Instituten und Business Schools angebotenen Programme, die neben der »kognitiven Rundumerneuerung« für Führungskräfte auch einige gruppendynamische Lernprozesse auf dem Plan haben, indem die Teilnahme an Gruppenarbeiten oder Planspielen gruppendynamisch ausgewertet wird.

Das Modell der **teilnehmerspezifischen kognitiven und sozialen Kompetenzerweiterung** geht vom Teilnehmer und seinen Bedürfnissen aus und möchte seine Stärken weiterentwickeln und seine Schwächen reduzieren. Förderungsprogramme, die diesem Modell folgen, haben am Beginn eine nicht-selektierende Assessment-Center-Veranstaltung, um dem Teilnehmer eine Rückmeldung über seinen gegenwärtigen Stand zu geben und enden in dieser Phase mit einer individuellen Entwicklungsvereinbarung, welche Entwicklungsziele der einzelne Teilnehmer in dem vorgesehenen Förderungszeitraum realisieren soll. Der diesem Modell zugrunde liegende Förderungszeitraum ist wesentlich länger als bei den vorher genannten Modellen und die für die Entwicklung eingesetzten Maßnahmen enthalten nicht nur vollzeitliches Lernen in Seminaren und Workshops, sondern auch arbeitsbegleitende Entwicklungsprojekte, wie Bearbeitung von Sonderaufgaben oder Stellvertreter-Tätigkeiten.

Das Modell der **strategieumsetzenden Kompetenzerweiterung** geht nicht von den Bedürfnissen, den Stärken und Schwächen der einzelnen Teilnehmer wie oben aus, sondern legt bei der Konzipierung die zukünftige Marschrichtung des Unternehmens und die neuen unternehmenskultu-

II. Förderungsprogramme als Instrument der personellen Zukunftssicherung

rellen Ausprägungen zugrunde, die für ein erfolgreiches Verhalten von Führungskräften in einem bestimmten Unternehmen in der Zukunft – unabhängig von der speziellen Position – wichtig sind. Diese unternehmensspezifischen Anforderungskriterien geben gleichsam die Entwicklungsrichtungen vor, innerhalb derer sich die Führungskräfte für die zukünftige Verwendung entwickeln und qualifizieren. Die Durchführung der Förderungsprogramme dieses Modells hat Ähnlichkeit mit den Entwicklungsmerkmalen des Modells der teilnehmerspezifischen kognitiven und sozialen Kompetenzerweiterung. Der entscheidende Unterschied, dass man jetzt vom strategieumsetzenden Bedarf eines bestimmten Unternehmens und den damit auszulösenden Mentalitätsveränderungsprozessen ausgeht, führt jedoch dazu, dass der Fokus der Entwicklung immer primär das Unternehmen bleibt und der Teilnehmer mit seinen individuellen Stärken und Schwächen nur in dem Maße qualifiziert wird, wie sich hinter seinen Entwicklungsbedürfnissen strategieumsetzender und mentalitätsverändernder Bedarf des Unternehmens verbirgt.

Es ist unschwer zu erkennen, dass die beiden ersten Modelle wenig für die Zukunftssicherung eines Unternehmens erbringen, zumal erworbenes Wissen über längere Zeit bei fehlender Anwendung nicht entsprechend konserviert werden kann und diese Förderungsmaßnahmen zudem die Gefahr des »Kronprinzeneffekts« in sich tragen: Die in Vollzeitprogrammen erworbene Führungskompetenz verlangt nach einer entsprechenden Position im Unternehmen. Und wenn einem Teilnehmer diese Position nicht angeboten wird, besteht die Gefahr der Abwanderung. Zudem führen die beiden ersten Modelle zu einer Selbstüberschätzung bei den Teilnehmern, weil sie ihr Wissen und ihr Verhalten durch den Vollzeitcharakter des Lernens und des zum Teil spektakulären Lernmilieus ihre eigenen Grenzen verwischen lässt. Wer in einem Management-Institut oder einer Business School ständig General Management-Fälle diskutiert und mit den kühnen Analysen strategische Optionen vorbereitet hat, verkennt, worauf es bei der Führung im Alltagsverhalten ankommt und was Führen als das Management von Kultur in einem Unternehmen heißt.

Ein wesentlicher Unterschied der Modelle liegt auch im **genotypischen und phänotypischen Lernen.** Genotypisch umschreibt in der Genetik die Gesamtheit der in den Chromosomen bestimmten Erbanlagen. Phänotypisch betrifft dagegen das äußere Erscheinungsbild eines Lebewesens. In der Führungskräfte-Fort- und Weiterbildung werden diese beiden Begriffe verwendet, wenn ein Lernender seine grundlegende Disposition und seine Anlagen entwickelt, um damit später ein bestimmtes Verhalten zu produzieren (genotypisch) oder wenn ein Lernender im Training ein ganz bestimmtes, sofort einsetzbares Verhalten erwirbt (phänotypisch).

A Theoretische Grundlagen

Die beiden ersten Modelle fördern überwiegend phänotypische, kurzfristig verwertbare, aber auch rasch veraltende Lernergebnisse, während das Modell der strategieumsetzenden Kompetenzerweiterung stärker ein genotypisches Lernen entwickelt. Je mehr aber auf ein Unternehmen Veränderungen hinsichtlich der Dynamik der Umwelt (Häufigkeit von Veränderungen; Stärke der Änderungen; Irregularität, mit der Änderungen anfallen) und ihre Komplexität zukommen, um so mehr muss ein Förderungsprogramm für Führungskräfte deren genotypisches Lernen (z. B. schwache Signale erkennen können, Informationsstrategien entwickeln, von Mitarbeitern lernen, Innovationen einführen, Steuerung von Konflikten, mit Widerständen umgehen oder Macht mit Fingerspitzengefühl einsetzen etc.) stärker ausprägen.

3.2 Tendenzen bei der Gestaltung von Förderungsprogrammen

Würde man die Gestaltung von Förderungsprogrammen aus der Blickstellung einer anspruchsvolleren Praxistheorie (und nicht aus der Perspektive des »*mainstream*«-Alltags in Unternehmen) skizzieren, dann könnte man unter einem Typ A die konventionelle Förderungsarbeit und unter einem Typ B die progressive Förderungsarbeit zusammenfassen. Diese beiden Typen repräsentieren gleichsam Idealtypen, die die Endpole auf einem Kontinuum bilden.

Typ A	Typ B
1. Teilnahme an durchstrukturierten Lehrgängen	1. Mitglied einer arbeitsbegleitenden Selbstlerngruppe
2. Ausrichtung auf ein vorgegebenes Normverhalten	2. Realisierung von individuellen Lern- und Entwicklungsvereinbarungen
3. Hoher Grad an Fremdbestimmung der Lernorganisation	3. Teilnehmer managen ihren Lernprozess selbst und lernen daraus
4. Dozenten geben Inhalte ein: Lernpsychologische »Schule«: Informationstransfer	4. Die Teilnehmer erarbeiten die für sie relevanten Inhalte (Lern- und Entwicklungsvereinbarungen): Selbstbestimmung der lerntheoretischen »Schule«
5. Die Besten werden belohnt mit Karrierepositionen. Gewinner-Verlierer-Situation	5. Alle Teilnehmer kommen weiter: Es entsteht eine Gewinner-Gewinner-Situation
6. Die besten Teilnehmer entwickeln – offen oder versteckt – Ansprüche an die Organisation	6. Die Teilnehmer empfinden Lernen als natürliche Form der Qualifizierung, um auch die gegenwärtigen Aufgaben in der Abteilung besser auszufüllen

II. Förderungsprogramme als Instrument der personellen Zukunftssicherung

Typ A	Typ B
7. Teilnehmer werden so qualifiziert, dass das neu erworbene Wissen und das neue Verhalten nur in der ranghöheren Tätigkeit verwertet werden kann	7. Teilnehmer qualifizieren sich für ranghöhere Aufgaben und können das neu erworbene Wissen und Verhalten auch in ihrer gegenwärtigen Tätigkeit einsetzen
8. Teilnehmer decken kognitive und spezifische affektive Defizite ab und werden für eine unternehmenskulturelle Ist-Situation sozialisiert	8. Teilnehmer befriedigen kognitive und affektive Defizite und bearbeiten zusätzlich einen mentalen Veränderungsbedarf, der sich aus der angestrebten Kulturveränderung ergibt

3.3 Das multiple Strang-Konzept als Design-Hilfe

Förderungsprogramme bieten den Teilnehmern längerfristige Lern- und Entwicklungsprozesse, deren Komplexität sich sehr gut mit dem multiplen Strang-Konzept als Design-Hilfe beherrschen lässt. Diese Komplexität ist dann besonders spürbar, wenn ein Förderungsprogramm nicht nur neue Fähigkeiten und Verhaltensweisen beabsichtigt, sondern als Instrument der Mentalitäts- und Kulturveränderung verfolgt wird.

In der Fachliteratur wird dafür auch der Begriff Entwicklung (*development*) als besondere Qualität des Lernens verwandt, wenn es bei den Teilnehmern um die Ausprägung neuer Bezugsrahmen geht, so wenn Führungskräfte zur Steuerung des Vertriebs eine bisher praktizierte kostenorientierte Mentalität durch ein durchgängiges Denken vom Kunden her ersetzen sollen. »*Learning is differentiated from development, in that learning involves new techniques to function more effectively in an existing framework, whereas devolopment is the movement from one framework to another.*« (Dixon 1994, S. 104)

Das multiple Strang-Konzept besteht aus den folgenden Komponenten

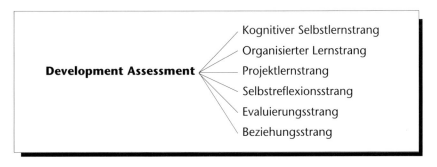

A Theoretische Grundlagen

Development Assessment

Am Beginn einer jeden Förderung steht eine Einschätzung des gegenwärtigen Könnensstands, eine Standortbestimmung oder die Erstellung eines Kompetenzprofils, die anzeigen,

- wo sich jemand gegenwärtig in seiner Entwicklung befindet (*baseline*-Daten)
- und welche Entwicklungen und Veränderungen in einer bestimmten Planperiode verfolgt werden.

Die Ergebnisse des *development assessment* münden in eine individuelle Entwicklungsvereinbarung ein, die

- die Entwicklungsziele beschreibt, die der Förderungskandidat in einem definierten Entwicklungszeitraum angeht,
- die Bedeutung der verschiedenen Stränge (einschließlich ihrer Sequenzierung) aufführt
und
- die explizit den Grad der Entwicklungsenergie enthält, wie viel Zeit ein Förderungskandidat in einem bestimmten Entwicklungszeitraum für seinen zukünftigen Kompetenzerwerb einsetzen will/kann.

Die Annahme dabei ist, dass der Förderungskandidat in seinem gegenwärtigen Aufgabenfeld bleibt und nicht gleichzeitig eine neue Rolle im Unternehmen übernimmt. Ein »*development assignment*« mit neuen Herausforderungen und Lernmöglichkeiten würde eine andere Entwicklungsvereinbarung erfordern.

Kognitiver Selbstlernstrang

Jeder Teilnehmer erhält in einem Förderungsprogramm – in Abstimmung mit seiner verfügbaren Zeit, seinen Entwicklungszielen, seines gegenwärtigen Könnensstands, seinem Lerntyp und seiner sonstigen Bereitschaft, Informationen zu verarbeiten – eine Zusammenstellung von ausgewählten Büchern und Aufsätzen zur individuellen Bearbeitung. Dieses »Selbstlernpaket« soll den kognitiven Unterbau für die Realisierung der angestrebten Lern- und Entwicklungsziele liefern und die Voraussetzung dafür schaffen, dass im organisierten Lernstrang gezielt und sehr effektiv die notwendigen Fähigkeiten erworben werden können.

Organisierter Lern- und Entwicklungsstrang

In diesem Strang werden die organisierten Seminare und Workshops geplant, die ein Förderungskandidat mit anderen besucht. Am Beginn dieses

II. Förderungsprogramme als Instrument der personellen Zukunftssicherung

Strangs steht die Gestaltung eines »Eröffnungs-Workshops«, der zum Ziel hat, dass

- das Lernen der Teilnehmergruppe in die richtige Richtung gelenkt wird
und
- ein Lernklima aufgebaut wird, das den Teilnehmern den Umgang mit der beabsichtigten Lernkultur im Förderungsprogramm erleichtert.

Projektlernstrang

Damit die im kognitiven Lernstrang erworbenen Inhalte und die im organisierten Lernstrang aufgenommenen neuen Erkenntnisse und Fähigkeiten nicht in der Luft hängen, lege ich großen Wert auf die Bearbeitung eines Projekts, mit dem der Förderungskandidat eine tatsächliche Veränderung in seinem Unternehmen erzielen kann und das ihm die Möglichkeit bietet, sein Lernen anzuwenden. **Die Modalitäten der Projektbearbeitung** müssen zuvor geklärt werden und führen in der Ableitung im *development assessment* zu einer ganz bestimmten Form der Projektdurchführung, die dem Förderungsteilnehmer hilft, seine angestrebten Ziele zu realisieren.

Im Folgenden habe ich den Zusammenhang zwischen Entwicklungszielen und Merkmalen der Projektbearbeitung noch einmal verdeutlicht, um den Design-Verantwortlichen eine Art »Blaupause« für ihre Arbeit an die Hand zu geben.

Entwicklungsziele	Merkmale der Projektbearbeitung
Umsetzungsstärke oder Implementierungsfähigkeiten	Der Mitarbeiter bearbeitet ein reales Problem eines Unternehmens und ist anschließend auch für die Realisierung der Problemlösung verantwortlich.
Horizonterweiterung/Breitenqualifizierung	Der Mitarbeiter bearbeitet ein Projekt, bei dem die Aufgabenstellung neu ist, aber in seinem eigenen Unternehmen durchgeführt wird.
Vertiefende Spezialisierung	Der Mitarbeiter bearbeitet ein Projekt aus seinem bisherigen Aufgabenbereich und führt das Projekt auch in seinem Unternehmen durch.

A   Theoretische Grundlagen

Konsolidierung von Fachwissen und Sensibilisierung für andere Unternehmenskulturen	Der Mitarbeiter bearbeitet ein Projekt aus seinem Aufgabengebiet in einem anderen Unternehmen oder in einem anderen Geschäftsbereich.
Unternehmerische Fähigkeiten	Der Mitarbeiter bearbeitet ein Projekt in einem für ihn bis dahin fremden Aufgabengebiet in einem anderen Unternehmen.
Teamentwicklungsfähigkeit	Der Mitarbeiter bearbeitet mit mehreren anderen Mitarbeitern gleichzeitig ein gemeinsames Projekt.
Verinnerlichung von angestrebten Sollkulturmerkmalen	Der Mitarbeiter bearbeitet ein Projekt, bei dem ein »*cultural hero*« des Unternehmens Klient ist; oder der Mitarbeiter bearbeitet ein Projekt, bei dem ein »*cultural hero*« Entwicklungsbegleiter ist.

Selbstreflexionsstrang

In diesem Strang soll einem Förderungsteilnehmer die Möglichkeit zur strukturierten Reflexion geboten werden. Ein bewährtes Hilfsmittel dafür ist die Einrichtung eines Lerntagebuchs, das ein Teilnehmer als Grundlage einer Art protokollierten Selbstreflexion führt.

Das Führen eines Tagebuchs, insbesondere in der Form eines Lerntagebuchs, gehört zu den wiederkehrenden Elementen in der Architektur von Lernorganisationen in Förderungsprogrammen. Neben der allgemeinen Verwendung sehe ich eine Einsatzmöglichkeit des Lerntagebuchs speziell bei längeren Förderungsprogrammen, bei denen ein Teilnehmer einem Lernen in den unterschiedlichen Lernsträngen ausgesetzt ist:

– Lernen in der sich selbst steuernden Lerngruppe des Förderungsprogramms
– Lernen in der Projektlerngruppe (wenn ein Teilnehmer in einer Kleingruppe ein Projekt bearbeitet)
– Lernen am Arbeitsplatz und in der Zusammenarbeit mit seinem Vorgesetzten
– Lernen bei der individuellen Durcharbeitung von Lernunterlagen, Büchern etc.

Für alle diese Lernsituationen könnte ein Lerntagebuch eine ideale Aufzeichnungsunterlage darstellen, indem sie hilft, die erlebte Lernwirklichkeit durchzuarbeiten und nach relevanten Lernpunkten abzusuchen, statt die Erfahrungen »*wie Rauch durch den Schornstein abziehen*« zu lassen, um einen bekannten Ausdruck von Progoff (1975, S. 18) zu verwenden.

Evaluierungsstrang

Im Evaluierungsstrang werden Auswertungsgespräche fest terminiert. Je nach Intensität des Lernens eines Teilnehmers werden diese Auswertungsgespräche monatlich oder im Abstand von zwei bis drei Monaten geplant. Der Fokus der Auswertungsgespräche richtet sich auf die Zuwächse in den vereinbarten Lern- und Entwicklungszielen, aber insbesondere auch auf die offenen Fragen, die sich bei einem Förderungskandidaten während der bisherigen Entwicklungsperiode eingestellt haben. Bei diesem Themenkreis, der vom Teilnehmer bestimmt wird, kommen durchaus auch Fragen allgemeiner Art zur zukünftigen Karriere und zur Rolle des Einzelnen im Unternehmen zur Sprache.

Zusätzlich zu bestimmten Terminen werden im Evaluierungsstrang auch bestimmte Auswertungsanlässe festgehalten, bei denen eine Evaluierung des erlebten Lernens zeitnah durchgeführt wird (z. B. Durchführung einer Präsentation der Projektbearbeitung vor der Geschäftsführung).

Am Ende des vereinbarten Entwicklungszeitraums wird mit jedem Teilnehmer ein längeres Auswertungsgespräch über das erlebte Lernen und den subjektiv empfundenen Realisierungsgrad der individuell vereinbarten Entwicklungsziele durchgeführt. Zusätzlich kann jeder Teilnehmer beraten werden, wie er die weiteren Feedback-Daten über den erreichten Kompetenzstand beschaffen kann. Dieser Aspekt kann eine derartige Bedeutung annehmen, dass dafür ein eigener Strang, der Beziehungsstrang, als Design-Hilfe geplant wird.

Beziehungsstrang

Die Einrichtung des Beziehungsstrangs basiert auf der Annahme, dass es für jeden Förderungskandidaten während der Dauer des Förderungsprogramms eine Reihe von unterschiedlichen Personen gibt, die für ihn entwicklungsrelevante Rollen übernehmen können. Diese Rollen können in Anlehnung an McCauley/Douglas (1998, S. 160 ff.) wie folgt ausgefaltet werden.

A   Theoretische Grundlagen

Merkmale einer entwicklungsrelevanten Beziehung	Rolle	Funktion
Assessment	Feedback provider	Bereitstellung von Feedback während des gesamten Prozesses, in dem eine Person (der Förderungskandidat) lernt und sich weiterentwickelt
	Sounding board	Bewertung von Strategien und Vorgehensweisen, bevor sie in die Wirklichkeit umgesetzt werden
	Point of comparison	Festlegung von »*standards*«, um den eigenen Stand von Fähigkeiten und Kompetenzen bewerten zu können
	Feedback interpreter	Unterstützung einer Person im Umgang mit dem von anderen erhaltenen Feedback – in Form von Integrationshilfen in Entwicklungsprojekten und auch durch die Unterstützung beim Verständnis desjenigen, das hinter dem Feedback steckt
Challenge	Dialogue partner	Bereitstellung von Sichtweisen und Perspektiven, die sich von denen des Förderungskandidaten unterscheiden
	Assignment broker	Ermöglichung des Zugangs zu herausfordernden Aufgaben, die man als neue Tätigkeit oder als Anreicherung der bisherigen Tätigkeit verfolgen kann
	Accountant	Ausübung von Druck, um das eingegangene *commitment* hinsichtlich der beabsichtigten Entwicklungsziele einzulösen
	Role model	Vorbildwirkung von hoher (und auch geringer) Kompetenz in Entwicklungsfeldern, in denen sich eine Person engagiert
Support	Counselor	Prüfen und Ausloten, in welchen Bereichen das Lernen und die Weiterentwicklung Schwierigkeiten verursachen
	Cheerleader	Anregung und Unterstützung in der eigenen Überzeugung, dass der angestrebte Erfolg möglich ist
	Reinforcer	Verstärkung durch »Belohnungen« i. w. S. für Fortschritte auf dem Weg zur Realisierung von Entwicklungszielen
	Cohort	Vermittlung des Gefühls, dass der einzelne Förderungskandidat nicht allein in seinem Bemühen ist und dass er es schaffen kann, nachdem andere bereits Erfahrungen und Herausforderungen gemacht haben.

3.4 Förderungsarbeit als Gestaltung von drei Teilsystemen

Das System der Förderung, das sich Unternehmen für die personelle Zukunftssicherung einrichten, gliedert sich bei näherer Betrachtung in drei Teilsysteme:

- das Teilsystem der Auswahl, Nominierung und Zulassung zur Förderung
- das Teilsystem der Entwicklung von neuen zukunftsnotwendigen Kompetenzen
- das Teilsystem der Verwertung der Förderungsergebnisse und des Einsatzes der geförderten Kandidaten in neuen Positionen.

Die kongruente Gestaltung aller drei Teilsysteme muss als wichtiges Anliegen jedes Unternehmens gelten, denn es ist gerade die erlebte Kongruenz, die bei einem Förderungsteilnehmer Zweifel weckt, ob das Engagement für seine Weiterentwicklung so sinnvoll ist. Schließlich findet die Teilnahme in einem Förderungsprogramm immer arbeitsbegleitend statt, was zu einer erheblichen Mehrbelastung bei allen Teilnehmern führt.

Gestaltungsüberlegungen für das Teilsystem, Auswahl, Nominierung und Zulassung zur Förderung

Es ist in vielen Unternehmen noch gängige Praxis, dass man in diesem Teilsystem mit der Annahme arbeitet, dass nur eine begrenzte Zahl von Mitarbeitern in einem Kollektiv über Potenzial verfügt. Demnach gilt es, Mechanismen zu etablieren, diese Teilmenge von sog. Potenzialträgern zu identifizieren und nur diesen Potenzialträgern eine Förderung zukommen zu lassen. Gedanklicher Pate für dieses Denken ist die Denkfigur des Portfolios, das seit den Veröffentlichungen von Odiorne (1985) Einzug in die Personalabteilungen der Wirtschaft gehalten hat. Im Sinne und in der Begrifflichkeit von Odiorne gibt es Mitarbeiter, die eher förderungswürdig seien, weil sie über mehr Potenzial als andere verfügen (*»Stars«, »Problem Cases«*) und Mitarbeiter, denen ein Unternehmen nur beschränktes Potenzial attestiert (*»Workhorses«, »Deadwood«*).

A   Theoretische Grundlagen

	gering	hoch
Leistung hoch	Work horses	Stars
gering	Deadwood	Problem cases
	gering **Potenzial** hoch	

Diesem Portfolio-Denken sind massive Einwände entgegenzubringen:

- Hinter dem Begriff Potenzial verbirgt sich ein Konzept, das bei genauerer Betrachtung nur so vor Unschärfe strotzt (z. B. Becker 1991, S. 67 f.).

- Der für die Einschätzung von Potenzial mitwirkende Vorgesetzte eines Förderungskandidaten ist weder fähig noch besonders willig, eine differenzierende Potenzialbeurteilung vorzunehmen. Die eingesetzten Ersatzmechanismen wie Assessment Center oder Manager Audits sind durch eine zeitpunktbezogene Durchführung mit vielen Fehlerquellen versehen und spiegeln eine Treffsicherheit vor, die nicht besteht.

- Eine systemische Betrachtung von Potenzialträgern und Nicht-Potenzialträgern im Sinne von Gewinnern und Verlierern eines derartig praktizierten Zulassungssystems kann für ein Unternehmen dazu führen, dass der erhoffte Effekt durch die negativen Nebeneffekte überkompensiert wird. Man glaubt, die richtigen Kandidaten gefunden zu haben, in die sich eine Förderungsinvestition lohnt, aber gleichzeitig reagieren die Nicht-Erwählten mit negativen Produktivitätseffekten (innere Kündigung, Austritt etc.).

- Ein lernendes Unternehmen kann sich gar nicht erlauben, Mitarbeiter von der Weiterförderung auszuschließen und sich nur auf sog. Potenzialträger zu konzentrieren.

- Potenzial ist keine feste Größe, die man zu einem bestimmten Zeitpunkt erheben kann. Potenzial – oder das, was man in der Praxis dafür hält – wird durch die Auseinandersetzung mit neuen Aufgaben ständig verändert. Indem alle Mitarbeiter eines Unternehmens im Laufe der Jahre in einem lernenden und sich verändernden Unternehmen mit neuen Aufgaben zu tun haben, entwickelt sich auch zwangsläufig ihr Potenzial – vorausgesetzt, sie sind in der Lage, aus neuen Erfahrungen Impulse für Lernen und Entwicklung zu destillieren.

- Zum Zeitpunkt der Potenzialeinschätzung und Potenzialentwicklung ist es unklar, wer später in einem Unternehmen eine bestimmte Position am besten bekleiden kann. Einseitiges Potenzialeinschätzungsdenken präjudiziert spätere Verwendungsentscheidungen und begrenzt den Blick für innovative Einsatzentscheidungen.
- Ich halte viele Potenzialeinschätzungssysteme der Praxis – auch in Vorzeigeunternehmen – tendenziell für ein Komplott zwischen den gegenwärtigen (Positions-)Mächtigen und ihren »Personal-Handlangern«, um ihre Macht auch zukünftig durch die Förderung genehmer Personen zu zementieren.

Gestaltungsüberlegungen für das Teilsystem Lernen und Entwicklung

Die Gestaltung des Teilsystems Lernen und Entwicklung wird in der Praxis noch häufig über eine Serie von angebotenen Seminaren vorgenommen, die ein Förderungskandidat besucht. Der organisierte Lernstrang zeichnet sich in den meisten konventionellen Designs von Förderungsprogrammen durch strukturierte Curricula aus.

Demgegenüber weisen Lernorganisationen in progressiven Designs andere Merkmale auf:

- Das Projektlernen wird zu einem bestimmenden Markenzeichen.
- Der Erwerb von Inhalten in Seminaren und Workshops wird sehr stark durch die Fragestellungen aus dem zu bearbeitenden Projekt beeinflusst.
- Es findet eine zeitliche Entzerrung des Lernens statt, insbesondere dann, wenn Lernen als »Entwicklung« konzipiert wird und zum Erwerb neuer Bezugsrahmen bei einem Teilnehmer führen soll. Dixon spricht von »*spaced rather than compressed time frames*« (1993, S. 248).
- Die Lernorganisation weist einen hohen Selbststeuerungsanteil auf. Statt das Lernen durch Trainer »takten« zu lassen, treffen die Teilnehmer selbst die lern- und entwicklungsrelevanten Entscheidungen. Gefordert wird eine unternehmerische Lernkultur, durch die bei den Teilnehmern durch das Erleben der Lernkultur ein Zuwachs an unternehmerischen Fähigkeiten eintritt.

Gestaltungsüberlegungen für das Teilsystem Verwertung der Ergebnisse aus dem Förderungsprogramm

Mit der Gestaltung dieses Teilsystems wird in Unternehmen die Frage beantwortet, welche Kandidaten als Teilnehmer eines Förderungsprogramms mit neuen, zumeist ranghöheren Aufgaben belohnt werden, die auch eine Reihe von zusätzlichen Entlohnungsmerkmalen für den Auser-

A Theoretische Grundlagen

wählten zur Folge haben. In der Praxis ist dieses Teilsystem der Förderungsarbeit oft mit erheblichen Fragwürdigkeiten ausgestattet, die in ihren dysfunktionalen Konsequenzen in Unternehmen nicht gesehen oder bewusst übersehen werden. Die gesamte Beförderungspolitik mit ihren Richtlinien und Verfahren – z. B. Leitlinien zur Besetzung oberer Führungspositionen im früherem Daimler-Benz-Konzern (Deller/Kendelbacher 1998, S. 134) – tendiert dazu, eine perfekte »Camouflage-Inszenierung« abzugeben, die dazu dient, dass die personellen Interessen an der Spitze ohne »störende unkontrollierbare Einflüsse« und mit abgesicherter Legitimation verfolgt werden.

Welche Gestaltungsmerkmale sind für dieses Teilsystem zu fordern?

- Beförderungsentscheidungen im Verwertungssystem müssen aus dem Dunstkreis des Intransparenten herauskommen oder es müssen die Mechanismen abgeschafft werden, mit denen man Fairness und Objektivität vorgetäuscht hat. So gab es beispielsweise bei der früheren Hypo-Bank – vor der Fusion – die Einrichtung von Tableau-Runden, in denen Besetzungsentscheidungen von vakanten Positionen im oberen Führungskreis getroffen wurden. Die Praxis dieser Tableau-Runden in Aktion: »*Das Verfahren dient zur Besetzung offener Führungspositionen, für die sich der Vorstand oder die Geschäftsführung gesamthaft oder mindestens drei Mitglieder davon die Entscheidung vorbehält. In einer besonderen Vorstands- oder Geschäftsführungssitzung werden zwei »Tableaus« einander gegenübergestellt. Das eine enthält die zur Besetzung anstehenden wichtigen Führungspositionen, auf dem anderen stehen die Namen der dafür in Frage kommenden Kandidaten ... Die Hypo-Bank hat zum Beispiel 1990 in sechs Tableau-Runden 63 Führungspositionen behandelt.*« (Schircks 1994, S. 211)

  Liegt hier der »Kuhhandel« in der Besetzungskommission nicht auf der Hand? Tableau-Runden sind hinsichtlich der Besetzungsqualität eine Farce und mit ihrem Funktionieren ein Beispiel gelebter machtstabilisierender Mikropolitik derjenigen, die gegenwärtig das Sagen im Unternehmen haben.

- Die Besetzung einer Führungsposition darf nicht einem zwangsläufig ablaufenden verfahrenstechnischen Mechanismus unterliegen. In einem dynamischen, sich ständig verändernden Unternehmen muss jede Position, in die ein »Nachfolger« befördert werden soll, zunächst dahingehend überprüft werden, welche Veränderungen sich in der Aufgabenwahrnehmung zukünftig ergeben, die sich dann als neue Anforderungen an den zu suchenden Kandidaten niederschlagen. Der

»Nachfolger« darf gar nicht dem Vorgänger nachfolgen, sondern sollte völlig andere Kompetenzen aufweisen. Mit dieser Betrachtung wäre es angebracht, dass am Beginn jeder Besetzungsentscheidung eine Überprüfung der Aufgaben dieser Position in der Wertschöpfungskette erfolgt.

Die Position wird also nicht mehr in den Computer eingegeben und das Matching-System benennt dann die in Frage kommenden Kandidaten. Vielmehr muss man sich zunächst darauf konzentrieren, welche Aufgaben und Prozesse in der Position zukünftig wahrgenommen werden müssen.

- Nach Erarbeitung der neuen Konturen der Position ist an die Stelle der Fremdnominierung ein Verfahren der Selbstnominierung zu setzen. Interessierte Kandidaten sollten sich auf die neuen Anforderungen bewerben: Der interne Arbeitsmarkt und das Prinzip der Selbstnominierung ersetzten die bisherigen Merkmale der Nachfolgepläne und der tableau-rundenähnlichen Verfahren.

In dem Abgleich zwischen neuen Anforderungen und Kompetenzen der Kandidaten sind die Kriterien offenzulegen, nach denen bewertet wird:

- Entwicklungspotenzial der Position für einen Kandidaten
- »frisches Blut« von anderen Ressorts als Innovations-Chance
- Erfüllungsgrad der Anforderungen
- etc.

- Jede neue Beförderung muss automatisch als Anlass zur individuellen Betreuung gesehen werden. Auch wenn kein expliziter Bedarf des neuen Positionsinhabers angemeldet wird, entsteht aus der intensiven Begleitung des Neuen der eigentliche Innovationsschub.

- Den bei der Selbstnominierung bekannt gewordenen Interessenten, die im Entscheidungsprozess nicht für die neue Stelle berücksichtigt wurden, wird ein detailliertes Feedback über die Gründe und Kriterien der getroffenen Entscheidung gegeben. Das Feedback muss in der Qualität so ausfallen, dass keine negativen Nebenwirkungen für das Unternehmen eintreten (Loyalitätsabfall, Frustrationseffekt etc.).

3.5 Leitsätze zur Förderung von Führungsnachwuchs und Führungskräften

In Anlehnung an die im Management gebräuchliche Terminologie könnte man bei den einzelnen Aufgabenfeldern der Personalentwicklung in

A Theoretische Grundlagen

einem Unternehmen von »PE-Geschäftsfeldern« sprechen und ähnlich wie bei dem Begriff der »Geschäftsfeld-Strategien« oder »Sparten-Strategien« könnte man auch für die einzelnen PE-Geschäftsfelder, die ich eingangs skizziert habe, Strategien oder Leitsätze für operatives Handeln formulieren.

Die Förderung von Führungsnachwuchs und Führungskräften ist ein besonders wichtiges Geschäftsfeld für das ich im Folgenden einige zentrale Leitsätze zusammengestellt habe.

1. Die Förderung von Führungskräften muss immer eine strategieumsetzende Richtung haben, wobei das Lernen des Einzelnen innerhalb der vom Unternehmen erwarteten Lernkorridore erfolgt.
2. Die Förderung von Führungskräften muss mit aktiver Mitwirkung der Geschäftsführung durchgeführt werden, die sowohl in der Bestimmung der Entwicklungsrichtung und der späteren punktuellen Mitwirkung das Lernen der Teilnehmer entscheidend prägt.
3. Die Förderung von Führungskräften heißt nicht Inhalte vermitteln, sondern Entwicklungsenergien der Teilnehmer freilegen und sie für die Nutzbarmachung für das Unternehmen zu verwerten.
4. Die Förderung von Führungskräften im Sinne eines Mentalitätsveränderungsprozesses erfordert Zeit. Deshalb braucht es längerfristig angelegte Entwicklungsprozesse, bei denen auch organisiertes Lernen durch Workshops und Seminare eingesetzt werden können. »Schnellschüsse« und singuläre freistehende Maßnahmen führen zu einer Veränderung im verbalen Artikulieren, nicht aber im »Sich-anders-verhalten«.
5. Jedes Unternehmen muss seinen eigenen Weg gehen, wenn die Förderung der Führungskräfte als Instrument der Strategieumsetzung und Mentalitätsveränderung verfolgt wird.
6. Die Förderung der Führungskräfte ist als arbeitsbegleitendes Entwicklungsprogramm zu konzipieren, das keine voreiligen Verwertungsansprüche des Teilnehmers an das Unternehmen zur Folge hat und keine »Kronprinzeneffekte« bei den Beteiligten hinterlässt.
7. Bei der Förderung von Führungskräften muss auf die Individualität des einzelnen abgestellt werden, und ihm muss geholfen werden, seine Potenziale für das Unternehmen zu verwerten.
8. Bei der Förderung von Führungskräften darf es keine Gewinner oder Verlierer geben, sondern alle haben die Möglichkeit, sich zu entwickeln und zu entfalten. Dabei muss es aber als ganz natürlich eingeschätzt werden, dass einzelne Führungskräfte mehr als andere gefördert werden, sich auch fördern lassen und sich mit der Zeit und Energie intensiver an ihrer Förderung engagieren.

9. Bei der Förderung von Führungskräften sind die »natürlichen Lernräume« mitzuverwerten, über die ein Unternehmen als Entwicklungspotenzial verfügt.
10. Die Förderung von Führungskräften ist dann am wirkungsvollsten, wenn die Vorbereitung für die Zukunft zum Tagesgeschäft wird und Führungskräfte nicht nur in dafür vorgesehenen Workshops, Seminaren oder Business-School-Programmen lernen, sondern ihr Entwicklungsprozess als Teil der neuen Kultur im Unternehmen verfolgt wird. Dafür ist ein wesentlicher Erfolgsfaktor das sichtbare Lernen der obersten Führungskräfte, die sich nicht nur als produktive Macher, sondern auch als »*Leader-learner*« sehen müssen, um eine neue Kultur des Entwickelns, Sich-Veränderns und ständig mit Neuem im Unternehmen zu leben im Bewusstsein der Mitarbeiter zu verankern.

Die Grundausrichtung dieser Art von praktizierter Förderungsarbeit lässt sich in einem **zusammenfassenden Fazit** mit folgenden plakativen Denkfiguren umschreiben:

Einfachheit statt **Komplexität**
Selbstorganisation statt **Fremdorganisation**
Plausibilität statt **Unkommunizierbarkeit**
Aktionsorientierung statt **passiver Rezipierung**
Offener Zugang statt **reglementierter Exklusivität**

Die konsequente Umsetzung dieser Merkmale hat wenig spektakuläre Formen der Förderung zur Folge. Sie führt jedoch dazu, dass Unternehmen sich mit dieser Art von Förderungsarbeit einen Wettbewerbsvorteil im Markt verschaffen können, weil die gesamthafte Architektur dieser Entwicklungsmaßnahmen nur schwer und nur nach längerer Zeit von Mitbewerbern im Markt imitiert werden kann.

B Umsetzung in die Praxis
Ein Fallbericht über 18 Monate

1 Kick-Off Bad Breisig 1998:
Die etwas andere Führungstagung

Start frei für die Umsetzung! Alle waren gespannt, wie die Bank als Ganzes und die Einzelnen reagieren würden. Wenn die jungen Mitarbeiter und Mitarbeiterinnen so gut waren, wie es immer behauptet wurde, dann waren einige Überraschungen programmiert. An den dahin ziehenden Wolken ist der Wind erkennbar.

20. September 1997, Hotel Renaissance, Köln. 33 junge Mitarbeiterinnen und Mitarbeiter aus allen Niederlassungen der Bank waren der Einladung der Personalabteilung zur Teilnahme an einem Training für Nachwuchsführungskräfte gefolgt. Die Inhaber hatten die Schirmherrschaft über die Maßnahme übernommen. »Die Tatsache, dass Sie an dieser Maßnahme teilnehmen, ist keine Garantie dafür, dass Sie bei uns eine Führungsposition erhalten. Aber wenn Sie bei dieser Maßnahme nicht teilnehmen, werden Ihnen garantiert keine Führungsaufgaben übertragen!« Diese Sätze machten deutlich, worauf es den Partnern ankam.

Die externen Unternehmensberater stellten anschließend die geplante Konzeption der Maßnahme vor. Die Vorgehensweise unterschied sich wesentlich von den traditionellen Schulungskonzepten für Führungskräfte und solche, die es werden sollten. Die Teilnehmer sollten in einem Zeitraum von achtzehn Monaten »on-the-job« in konkreter Projektarbeit, unterstützt durch externe Berater, Führung erleben. Das Ziel der konkreten Umsetzung war die Verbesserung der Servicequalität der Bank. Als flankierende Maßnahme sollte den Teilnehmern in mehreren Seminarblöcken das notwendige Rüstzeug zur Bewältigung der anstehenden Herausforderungen an die Hand gegeben werden.

Um das Projekt im vorgesehenen Zeitrahmen durchführen zu können, wurden vier Phasen definiert. In Phase eins musste die Projektstruktur erarbeitet und konkretisiert werden. Daran anschließend hatte die Einstimmung und Ausrichtung der gesamten Organisation der Bank zu erfolgen. Diese Phase sollte bis etwa Februar/März 1998 abgeschlossen sein. Es folgten die Definition der Arbeitsschwerpunkte und die Entwicklung der Instrumente (Phase zwei bis Juni 1998). In Phase drei sollte bis Ende 1998 die Umsetzung der Projektschwerpunkte und die Installation eines Messsystems erfolgen. Phase vier schließlich diente den Teilnehmerinnen und Teilnehmern zu Reflexion und Feedback. Ein würdiger Abschluss im März 1999 sollte das Gesamtkonzept abrunden.

Die konkrete Umsetzung des Arbeitsauftrages während des vierphasigen Prozesses war nur durch eine sinnvolle Aufgabenverteilung möglich. Die externen Berater hatten die Maßnahme zu begleiten. Sie gaben Inputs zu den relevanten Fragestellungen, strukturierten Meetings, unterstützten vor Ort und brachten ihr Know-how über Veränderungsprozesse ein. Außerdem waren sie für die Durchführung und den Inhalt des Theorieblocks in den Seminaren verantwortlich.

Aus dem Kreis der Teilnehmerinnen und Teilnehmer war eine erste »Kerngruppe« zu bestellen. Deren Mitglieder hatten die Aufgabe, die Architektur des Projekts zu entwickeln, eine endgültige Klärung des Arbeitsauftrages mit der Geschäftsleitung zu erreichen und die weitere Vorgehensweise vorzugeben. Außerdem hatten sie die Leitung innerhalb der einzelnen Subteams wahrzunehmen und die Führungsaufgaben als »Management board« des Gesamtprojektes zu übernehmen.

Alle anderen Teilnehmerinnen und Teilnehmer, die nicht Mitglieder der ersten Kerngruppe waren, hatten die Aufgabe, sich aktiv in den einzelnen Subteams zu engagieren. Die Strukturierung der Themenfelder und die Konkretisierung und Bearbeitung der Einzelaufgaben waren zu bewältigen. Auch musste über Fortschritte und Hindernisse an die Kerngruppe berichtet werden. Die Schirmherren aus der Geschäftsleitung der Bank hatten die Kerngruppe und die Subteams bei organisationsspezifischen Fragen und Problemen zu unterstützen. Außerdem war mit ihnen die Zuteilung der Ressourcen abzustimmen.

Den Kopf voller Informationen aber auch noch vielen Fragen verließen die Teilnehmerinnen und Teilnehmer die Tagungsräume und harrten der Dinge, die im weiteren Verlauf des Projektes auf sie zukommen sollten.

1.1 Die Aktivitäten der ersten Kerngruppe

Verbesserung der Servicequalität der Bank! Ein wahrlich herausfordernder Auftrag. Im Oktober und November 1997 erarbeitete die Kerngruppe eine erste Konkretisierung des gesamten Projektablaufs, samt Positionsbestimmung und möglichen Arbeitsschritten. Folgende Teilprojekte wurden definiert: Ermittlung des Status quo der Servicequalität, Vergleich der Servicequalität von anderen Dienstleistungsunternehmen mit der der Bank und die Erstellung eines internen Servicebarometers, um einen Vergleich zwischen Selbstbild und Fremdbild durchzuführen. Drei Teilprojekte wurden initiiert: Durchführung einer Kundenbefragung, Durchfüh-

1. Kick-Off Bad Breisig 1998: Die etwas andere Führungstagung

rung einer Mitarbeiterbefragung und Benchmarking mit anderen Dienstleistern.

Die Gewinnung von Mitarbeitern für diese Projektteams war schnell abgeschlossen und so konnten in kurzer Zeit gute Fortschritte erzielt werden. Sehr kreativ waren die Kolleginnen und Kollegen bei der Suche nach einem prägnanten Namen für »unser Baby«. Eine spontane Wahl fiel mit überzeugender Mehrheit auf den Vorschlag »JUMP«. Dynamik, Überwindung von Hindernissen, Aufbruch zu neuen Ufern waren mögliche Assoziationen. »**J**ahrtausend **u**eberschreitendes **M**anagement **P**rojekt« hat sich am nachhaltigsten eingeprägt, auch wenn einige viel lieber an Slogans wie »**J**ährlich **u**nser **M**anagement **p**iesacken«, »**J**eder **U**nternehmer **m**uss **P**hantasie leben« oder »**J**etzt **u**ngewöhnliche **M**aßnahmen **p**lanen« gedacht haben.

Eine Aufgabe musste noch gelöst werden: Wie sollte und konnte das Projekt »Verbesserung der Servicequalität« in die gesamte Organisation der Bank getragen werden? Bis zu diesem Zeitpunkt war JUMP eher eine geschlossene Veranstaltung. Das war besonders an den ersten Gerüchten zu erkennen, die durch die Bank zu vagabundieren begannen. Zwar waren die Partner und einige Mitglieder der Führungsmannschaft über die Zusammensetzung und den Arbeitsauftrag der Truppe grob informiert, doch was, wann, mit wem und womit erreicht, verändert oder angestoßen werden sollte, war außer den »Jumpern« fast niemandem in der Bank bekannt.

Der Berater hatte die Lösung schon zur Hand: »Wir richten eine Kick-Off-Veranstaltung aus, zu der alle Fach- und Führungskräfte der Bank eingeladen werden.« Die Ziele, die mit dem Kick-Off zu verfolgen waren, gingen in unterschiedliche Richtungen: Mit einem emotionalen Erlebnis, das spielerisch visionäre Elemente einführte, sollte Energie für den weiteren Projektverlauf gewonnen werden. Es sollte bei allen Fach- und Führungskräften dieselbe Begeisterung entfacht werden, die alle Jumper bereits erfasst hatte. Außerdem galt es, das Projekt JUMP in der ganzen Bank in einem besonderen Coming Out bekannt zu machen; das Projekt musste endlich die notwendige Relevanz erhalten. Gewünscht, nein sogar beabsichtigt war auch ein wesentlicher Unterschied zur bisherigen Firmenkultur. Besonders wichtig war der Gedanke, die Führungsmannschaft mit dem Thema und dem Projekt »Servicequalität« vertraut zu machen und erste Einzelfacetten zu durchdenken. Auf diese Weise sollte eine Zielkongruenz geschaffen werden, die für das weitere Vorgehen unabdingbar war.

Bei der Bestimmung des optimalen Zeitpunktes konnten zwei Fliegen mit einer Klappe geschlagen werden: die Zusammenkunft aller Fach- und Führungskräfte als »normales jährliches Ereignis« kombiniert mit der Ausrichtung unseres Kick-Off. Die Kerngruppe fasste den kühnen Plan, die traditionelle jährliche Frühjahrstagung der Fach- und Führungskräfte für den JUMP Kick-Off zu belegen. Zu diesem Zeitpunkt wusste die Geschäftsleitung noch nichts von ihrem Glück. Nachdem sie unseren dreisten Überfall auf ihre Entscheidungssouveränität weggesteckt hatten, wurde während der letzten Partnersitzung des Jahres 1997 das gesamte Serviceprojekt JUMP den Partnern präsentiert. Nach intensiver Diskussion stimmten alle Partner dem weiteren Projektverlauf inklusive des von uns geplanten Kick-Off zu. Jetzt hatten wir die erste Hürde auf dem Weg hin zu einem Gesamtbankprojekt übersprungen. Das Jahr 1997 nahm für JUMP einen erfolgreichen Ausklang.

Die positive Entscheidung der Geschäftsleitung steigerte die bereits hohe Motivation noch weiter. Mit Hochdruck und frischem Elan wurde an allen Fronten gearbeitet. Die Arbeit in den Teilprojekten zeigte erste greifbare und gute Ergebnisse, die Führungskräfte in den einzelnen Niederlassungen wurden von den jeweiligen Kerngruppenmitgliedern und den beiden Mentoren in Kurzpräsentationen über JUMP informiert. Für den Ablauf des Kick-Off wurden in der Kerngruppe mögliche Alternativen erarbeitet.

1.2 Wie der Kick-Off Gestalt annahm

»Wir wollen, nein wir müssen allen Teilnehmern an unserem Kick-Off den bestmöglichen Service bieten und vorleben.« Es wurde ein Konzept vorgestellt, das sich sehr deutlich von dem gewohnten Ablauf vergangener Führungskräftetagungen unterschied. Alle Teilnehmer sollten aktiv in den Tagesablauf und die Themen einbezogen werden. Sämtliche Beiträge und Arbeitsgebiete standen unter dem Motto »Service und Servicequalität«. Der Kick-Off bestand aus folgenden Bausteinen:

1. Die gesamte Tagesmoderation erfolgte durch ein Mitglied aus dem Kreis der Jumper.
2. Der Sprecher der Partner sollte die Eröffnungsrede halten, in der etwa fünf bis sieben provokante Thesen zum Thema Service aufgestellt wurden.
3. Im Anschluss an die Eröffnungsrede sollten alle Teilnehmer die zuvor genannten Thesen in sogenannten »Speaker's Corners« thematisieren und diskutieren.
4. Ein prominenter Gastredner, mit deutlichem Hintergrund aus dem Dienstleistungsbereich oder einer internationalen Bank, idealerweise mit Erfahrungen aus einem Kulturveränderungsprozess, sollte für einen Gastvortrag gewonnen werden.

1. Kick-Off Bad Breisig 1998: Die etwas andere Führungstagung

5. In sechs bis zehn Workshops sollten alle Kick-Off Teilnehmer unterschiedliche Fragestellungen zum Thema Service und Servicequalität bearbeiten. Die Moderation der Workshops sollte erfolgen durch Zweierteams, bestehend aus jeweils einem JUMP-Teilnehmer und einem Mitglied aus dem Führungskader der Bank.
6. Der traditionelle Rückblick auf das Geschäftsjahr 1997 mit Vorstellung der Bilanz und der Gewinn- und Verlustrechnung und Ausblick auf das Jahr 1998.
7. Die Präsentation der Workshop-Ergebnisse im Plenum, um allen Teilnehmern einen Eindruck über das gesamte Spektrum der geleisteten Arbeit zu vermitteln.
8. Um die Kick-Off Teilnehmer nach der Präsentation der Workshop-Ergebnisse nicht einfach sich selbst zu überlassen, sollte ein »Abend- und Begleitprogramm« angeboten werden, dessen genaue Ausgestaltung aber bis zum Schluss geheim bleiben sollte, um einen Spannungsbogen bis zum Ende des Kick-Off zu schlagen.

Bis zu diesem Zeitpunkt waren alle Vorarbeiten von den Mitgliedern der Kerngruppe erledigt worden. Jetzt war es an der Zeit, ein Projekt- und Organisationsteam »Kick-Off« zusammenzustellen.

2. Februar 1998. Ein trüber und grauer Wintertag. Auf der Tagesordnung standen die weiteren Vorarbeiten für den Kick-Off und die Konzeption für das Begleitprogramm. Kurz nachdem unsere Berater angekommen waren, der Schock: »Ich habe die Angelegenheit mit dem ›Event‹ noch einmal mit dem Berater besprochen. Nach ausführlicher Diskussion sind wir zu der Auffassung gelangt, dass wir auf ein derartiges Programm verzichten sollten, da es nicht in die bestehende Kultur der Bank passt und zuviel Andersartigkeit erzeugen würde.« Völlig emotionslos teilte einer der Berater die Hiobsbotschaft mit. Passt nicht in die Kultur? Zuviel Andersartigkeit erzeugen? War nicht das ganze Projekt JUMP anders als die bestehende Bank-Kultur? Plötzlich herrschte totale Stille! Man hätte eine Stecknadel fallen hören können; trotz Teppichboden! Nach einer kurzen Debatte über das Für und Wider einigte man sich doch auf die Beibehaltung des Programms. Schließlich war es möglich, das Programm so zu gestalten, dass nicht zuviel Andersartigkeit erzeugt wurde oder gar ein gewalttätiger Bruch mit der Bank-Kultur entstanden wäre. Aber ein Ereignis, das alle in guter Erinnerung behalten und immer mit dem Projekt JUMP und der Verbesserung der Servicequalität assoziieren sollten, sollte unbedingt angeboten werden.

Die Bedingungen, unter denen dieser »Event« stattfinden sollte, machten die Sache nicht gerade einfacher: Alle müssen eingebunden werden und

B   Umsetzung in die Praxis: Ein Fallbericht über 18 Monate

unter erschwerten Bedingungen Produkte erstellen, die höchsten Service- und Qualitätsstandards genügen. Die Aufgabe muss so anspruchsvoll und herausfordernd sein, dass sie unmöglich von einigen wenigen allein gelöst werden kann. Füreinander kochen und einen ansprechenden und künstlerisch wertvollen Rahmen schaffen – mit diesem Gedanken konnte man sich anfreunden. Die genauen Modalitäten und Bedingungen sollten vor Ort geklärt werden.

13. Februar 1998 – noch sieben Wochen bis zum »Show down«! »Service, Service, Service, und immer an die Teilnehmer denken!« Das bedeutete, sich um alle Belange und Details zu kümmern, die die Gäste im Zusammenhang mit der Veranstaltung betraffen, die sie aber auch vom Ausrichter einer Veranstaltung über »Service und Serviceverbesserung« erwarteten. Die Liste der Punkte, an die zu denken war, wurde lang und länger: Drei Einladungsschreiben, mit immer detaillierteren Informationen, plus Lageplan des Hotels mit Wegbeschreibung, Empfang im Hotel mit komplettem Check-In, Reservierung der Hotelzimmer unter besonderer Berücksichtigung der Körpergröße einzelner Teilnehmer, Namensschilder, Begrüßungsgeschenk, Tagungsunterlagen, Tagesmoderation, technische Ausstattung mit Overhead Projektor und Personal Computern, Power Point Präsentationen, Handouts der Ergebnisse aus den Teilprojekten Kundenbefragung, Mitarbeiterbefragung und Benchmarking, Licht und Ton im Plenarsaal, Zusammenstellung der Menüs, Planung der Pausen mit Erfrischungen, Kaffee, Tee und kleinen Imbissen, Buchung der Tagungsräume samt Ausstattung und Bestuhlung, Tische, Abschiedsgeschenke, Thesen für die Eröffnungsrede, Themen für die Workshops, Moderatorenkoffer, Anzahl Metaplanwände.

Diese Aufzählung steht stellvertretend für all die kleinen und großen Details, an die es zu denken galt, die letztendlich aber organisiert werden und genau dann, wenn sie gebraucht werden, zur Verfügung stehen mussten. Die Fülle der zu bewältigenden Arbeiten war nur durch eine sinnvolle Aufgabenverteilung möglich. Das war allen bewusst. Die sechs Kolleginnen und Kollegen der »Kick-Off-AG« übernahmen wie selbstverständlich Aufgabe um Aufgabe. Jeder Einzelne konnte seine bzw. ihre Stärken spielen lassen, so dass die Rollenverteilung beinahe automatisch vonstatten ging:

Zu den Aufgaben der Moderation gehörte die Begrüßung der Gäste am Morgen des 21. März im Plenarsaal, die Vorstellung des Tagesablaufs, die Vorstellung der Redner, die Erläuterung der Spielregeln für die Speaker's Corners und die Workshops und die Überleitung in das Abendprogramm.

1. Kick-Off Bad Breisig 1998: Die etwas andere Führungstagung

Eine andere Kollegin sorgte für Begrüßungskarten und Namensschilder, Gutscheine für die Workshops und eine CD mit dem Lied »Jump«.

Zwei Kollegen übernahmen sämtliche Aktivitäten im Zusammenhang mit der Begrüßung und dem Check-In der Tagungsteilnehmer. Sie waren außerdem prädestinierte Ansprechpartner in allen Angelegenheiten und Fragen der Technik und Computer.

Ein anderer konnte seine Erfahrungen aus seiner Tätigkeit in der Personalabteilung einbringen. Er übernahm die Vertragsgestaltung, Korrespondenz und Abstimmung mit dem Hotel und die Organisation der Einladungsschreiben. Außerdem war er maßgeblich beteiligt an der Gestaltung des »Abendprogramms«.

Ein verantwortlicher Gesamtkoordinator für die Vorbereitung und Durchführung, die Kooperation und Kommunikation mit der Kerngruppe der Unternehmensberatung, die Gestaltung der Workshops, die Ausarbeitung der Themen für die Eröffnungsrede und die Speaker's Corners und last but not least die Choreographie des Begleit- und Abendprogramms, wurde schließlich auch noch nominiert.

Zum ersten Projektmeeting des Organisationsteams gehörte eine Besichtigung des Hotels »Vier Jahreszeiten« in Bad Breisig. Die Hotelzimmer entsprachen den Erwartungen. Auch der große Sitzungssaal war hervorragend geeignet. Dagegen waren einige Seminarräume nur durch geschicktes Aufstellen des Mobiliars für die Workshops zu nutzen. Zwei Räume waren nur durch einen längeren Marsch über die verwinkelten Gänge eines Anbaus erreichbar. Dieser Nachteil musste in Kauf genommen werden. Nur so stand die gewünschte Anzahl von zehn Seminarräumen bereit. Ein Engpass trat bei der Anzahl der verfügbaren Metaplanwände auf. Das Hotel konnte etwa dreißig Wände zur Verfügung stellen. Aus den Beständen der Bank und der Unternehmensberatung konnten zehn zusätzliche Wände mobilisiert werden. Bei sorgfältiger Planung und Verteilung und schneller Improvisation waren 40 Tafeln ausreichend.

Eine längere Diskussion entspann sich über den Inhalt und Ablauf des Abendprogramms. Die Idee, die Teilnehmer im Anschluss an die Tagung vor die Aufgabe zu stellen, den Rahmen und das Menü für den Abend selbst zu gestalten, löste Verwunderung aus. Nach Rückfrage beim Küchenchef und dem Bedienungspersonal sah die Hotelmanagerin »prinzipiell keine Schwierigkeiten«, hakte dann aber noch einmal nach: »Wie stellen Sie sich das denn konkret vor?« Auf einer Anhöhe am gegenüberliegenden Ufer des Rheins lag ein Schloss. Die Hotelmanagerin gab den Tipp, als erstes den Besitzer der Gaststätte anzusprechen und mit ihm alle

B Umsetzung in die Praxis: Ein Fallbericht über 18 Monate

weiteren Details zu klären. So wurde die Angelegenheit in die Hand genommen. Bis spätestens drei Wochen vor dem endgültigen Termin sollte in Abstimmung mit dem Hotel ein Konzept erarbeitet werden. Alle weiteren Verhandlungspunkte konnten zügig geklärt werden.

Als Gastredner wurde Herr Minoru Tominaga gewonnen. Geboren in Japan und mit Unterbrechungen seit zwanzig Jahren in Deutschland lebend, beschäftigt er sich mit den Unterschieden der Dienstleistungskulturen in Japan, den USA und Deutschland und Europa. Die Nachfrage beim JIT-Institut in Düsseldorf, das Herr Tominaga leitet, ergab ein verblüffendes Resultat. Der einzige noch im März verfügbare Termin war Samstag, der 21.! Das konnte kein Zufall sein!

Parallel zu den organisatorischen und technischen Vorbereitungen waren die inhaltlichen Aspekte der Thesen für die Eröffnungsrede und der nachfolgend geplanten Speaker's Corners zu erarbeiten. Außerdem mussten für die Workshops die Moderatorenteams zusammengestellt und die Themen präzisiert werden. Zu diesem Zweck wurden zwei Tage intensiven Trainings und Gruppenarbeiten angesetzt. Zum ersten Termin Ende Februar trafen sich die Moderatoren und Gastmoderatoren aus dem Kreis von JUMP und der Führungscrew der Bank. Auf der Tagesordnung standen:

- Ein Kurzbericht über den aktuellen Stand der Kick-Off Vorbereitungen
- Die Erarbeitung von Detailkonzeptionen für die Speaker's Corners, die Anmoderation der einzelnen Workshops, die Dramaturgie der Workshops und die Präsentationen aus den Projekten Kunden- und Mitarbeiterbefragung und Benchmarking
- Die Auswahl möglicher Workshop-Themen auf Basis der Vorarbeiten der Kerngruppe und des JUMP-Gesamttreffens
- Probemoderationen und praktische Übungen

Nachdem alle Anwesenden über den aktuellen Stand der Vorbereitungen informiert waren und der zeitliche Ablauf des Kick-Off bekannt war, wurden Moderatorenteams gebildet.

Mit der Teamzusammenstellung war die Anzahl der angebotenen Workshops auf acht festgelegt. Auch die Anzahl der Thesen für die Eröffnungsrede wurde jetzt mit sechs endgültig fixiert. Auf dieser Basis waren in Gruppenarbeiten, ohne Vorgabe oder Kenntnis der konkreten Inhalte, präzise Drehbücher für die Einzelbausteine des Kick-Off zu schreiben. In minutiös dargestellten Abschnitten wurden alle Einzelschritte berücksichtigt. Festgelegt wurden:

1. Kick-Off Bad Breisig 1998: Die etwas andere Führungstagung

- Wie lange sollte die Bearbeitungszeit pro Abschnitt dauern?
- Wie sollten die Themen und Thesen vorgestellt werden?
- Wie war zu gewährleisten, dass alle Workshops gleichmäßig besucht werden, und dass die Partner auf unterschiedliche Workshops verteilt sind?
- Wer moderiert Überleitungen und wann?
- Welche Arbeitsmittel waren einzusetzen?
- Welche Art der Diskussion war zu favorisieren?
- Wer hatte die Teilnehmer zu begrüßen und auf das Thema einzustimmen?
- Wer erklärt Arbeitsmethode und die Organisation?
- Wie sollten die Teilnehmer in die Workshops gelangen?
- Wie sah der Ablauf der einzelnen Workshops aus?
- Welche Aufgaben hatten die Moderatoren?
- Worauf galt es besonders zu achten, was war unbedingt zu vermeiden?

Auf diese Weise wurden exakte Regieanweisungen für die Speaker's Corners, die Workshops und die Präsentationen der Workshop Ergebnisse und der Highlights aus den Teilprojekten gegeben. Damit nahm die Ausgestaltung des Kick-Off immer konkretere Formen an. Die Redner waren eingeladen, die Moderatorenteams mit ihren Rollen vertraut, die Anzahl der Thesen für die Speaker's Corner festgelegt, ebenso die Zahl der Workshops. Drehbücher und Dramaturgien für die Abläufe jedes Bausteins waren dokumentiert. Und trotzdem: Insgeheim war zu spüren, dass die schwierigsten Aufgaben noch bevorstanden. Was nützt die perfekteste und schönste Verpackung, wenn der Inhalt des Pakets nur aus Durchschnittsware besteht? Die Auswahl geeigneter Themen sollte das bestimmende und entscheidende Element der verbleibenden Vorbereitungen bilden. Es waren noch einige harte Nüsse zu knacken.

In Gruppenarbeiten während des JUMP-Gesamttreffens und in der Kerngruppe waren zahlreiche Vorschläge für mögliche Themen und Fragestellungen für die Workshops erarbeitet worden. Sie bildeten die Basis für zwei Workshops mit dem Thema »Mit welchen Fragen können wir in den Workshops von Bad Breisig Kartenabfragen durchführen?« Als Ergebnis wurden sechs Kategorien gebildet, die jeweils zwei bis drei Fragestellungen enthielten:

- Kategorie 1:   Kundenbegeisterung
  1. Was erwartet der Kunde von der Bank?
  2. Was können wir, was andere nicht können?
  3. Mit welchem Service können wir unsere Kunden begeistern?

- Kategorie 2:   Führung
  1. Welche Aufgaben sollten Führungskräfte im Sinne moderner Führung leisten?
  2. Welches Führungsverhalten ermöglicht herausragenden Service?
- Kategorie 3:   Infrastruktur
  1. Welche infrastrukturellen Änderungen braucht die Bank, um besseren Service bieten zu können?
  2. Welche Rahmenbedingungen sind nötig für guten Service?
  3. Welche Infrastruktur sollte eine Privatbank heute besitzen?
- Kategorie 4:   Moderne und Tradition
  1. Wie können wir trotz Traditionsverbundenheit innovativ und leistungsfähig werden?
  2. Wie können wir modernen/guten Service und unseren Stil miteinander verbinden?
  3. Welche modernen Instrumente unterscheiden uns von anderen traditionellen Wettbewerbern?
- Kategorie 5:   Kultur
  1. Welche Merkmale der Unternehmenskultur fallen Ihnen ein?
  2. Warum sollte eine Unternehmenskultur von allen Mitarbeitern gelebt werden?
  3. Welche Vorteile bietet die Unternehmenskultur für guten Service?
- Kategorie 6:   Mitarbeiter
  1. Durch welche Maßnahmen kann die Motivation der Mitarbeiter und ihre Bindung an die Bank erhöht werden?
  2. Mit welchen Maßnahmen werden die Mitarbeiter in die Lage versetzt, herausragenden Service zu bieten?
  3. Wie bringe ich meine Mitarbeiter zu kundenorientiertem Handeln?

12. März 1998 – Airport Center Frankfurt. Mit großer Spannung hatten sich alle Moderatoren im Seminarraum versammelt. Üben, Üben und nochmals Üben. Die Aufgabe war genau bekannt. Da traf es sich gut, dass siebzehn mögliche Fragestellungen für die Workshops zum Testen zur Verfügung standen. Daraus die acht Topthemen auszuwählen, dürfte keine großen Schwierigkeiten bereiten, das schien sicher. Doch es kam anders. Schon die ersten Probeläufe zeigten: »Die Themen sind unbrauchbar. Außer Pauschalergebnissen und Worthülsen ist nichts herausgekommen.« Einer hatte ausgesprochen, was alle bedrückte. Damit das in Bad Breisig nicht passiert, wurden alle Kandidaten äußert kritisch durchgespielt. Das machte die Suche nach knackigen Themen und Fragen nicht leichter.

1. Kick-Off Bad Breisig 1998: Die etwas andere Führungstagung

Trotz weniger Pausen waren am Abend gerade einmal vier Workshopthemen unter Dach und Fach. Zwei der vier Themen waren so gut geeignet, dass man beschloss, sie in Bad Breisig doppelt bearbeiten zu lassen. Die Kölner und Frankfurter Kollegen bekamen je ein Thema als Hausaufgabe mit auf den Heimweg. Im Kreis der Jumper waren die Fragen zu testen und bei positivem Resultat sollte die Aufnahme in den Bad Breisig-Katalog erfolgen. Bei einem negativen Ergebnis musste so lange weiter gesucht werden, bis eine zufriedenstellende Frage gefunden war. Die Hausaufgabe fiel positiv aus! Knapp zwei Wochen vor dem Kick-Off war auch diese Etappe bewältigt: Das Rückgrat des Kick-Off, die Workshops und die Themen waren komplett.

Mitten in der heißesten Phase der Vorbereitungen war von entspanntem Zurücklehnen keine Rede. Der Kick-Off sollte schließlich auch dokumentiert werden. Es war geplant, eine eigene JUMP-Zeitung mit zwei Tagesausgaben (am Samstag und Sonntag) herauszugeben. Dazu musste ein Redaktionsteam gebildet werden. In einer kurzfristigen Telefonakquisition, manche sprachen später von einer Art Überfallkommando, konnten die Redakteure für diese wichtige Aufgabe gewonnen werden. Die weitere Aufgabenverteilung wurde innerhalb des Redaktionsteams geregelt.

War jetzt alles unter Dach und Fach? Täglich, nein beinahe stündlich hakte der Projekt-Koordinator den Projektplan, die Liste aller Aufgaben und möglichen Nachbesserungen und Anforderungen ab. Ein Tagesordnungspunkt war bis jetzt äußerst stiefmütterlich behandelt worden: Die Thesen für die Eröffnungsrede samt anschließender Bearbeitung in den Speaker's Corners. Auch hier hatte die Kerngruppe in ihrem Januarmeeting erste Vorschläge vorgestellt. Einige Jumper hatten aus ihrer Mitarbeit in den Projekten Mitarbeiterbefragung und Benchmarking ebenfalls konkrete Vorschläge unterbreitet.

Das Verfahren, in einer Blitzumfrage unter allen Jumpern aus mehreren Vorschlägen mehrere Favoriten auszuwählen, hatte sich bei der Suche nach den Gastmoderatoren und den Geschenken bestens bewährt. In einer kurzfristigen Umfrageaktion wurden alle Mitglieder von JUMP gebeten, aus einem Katalog von zwölf Thesen die besten sechs mittels einer Punktabfrage zu priorisieren. Nachdem bis zu diesem Zeitpunkt alles reibungslos über die Bühne gegangen war, wurde jetzt, am vorletzten Tag vor Bad Breisig, heftige Kritik am Verfahren zu diesem Themenkomplex geäußert. Zwar wurden die geforderten sechs Thesen ausgewählt, aber einige wurden nach angeregten und emotional geführten Diskussionen ergänzt und verändert. Den letzten Feinschliff erhielten die Thesen erst am Freitag während der Generalprobe und letzten Vorbereitungen vor dem großen Ereignis. Schlussendlich wurde auch hier ein gutes Ergebnis erzielt.

Freitag, 20. März 1998 – Frühlingsanfang. Das Team von der Unternehmensberatung und alle Jumper haben sich im Hotel »Vier Jahreszeiten« in Bad Breisig eingefunden. Nachdem alle ihre Hotelzimmer bezogen hatten, versammelte man sich in einem Seminarraum. Die Agenda für den Tag war lang: Vorbereitung der Speaker's Corners und der Workshops (mit Beschriftung der Metaplantafeln, Ausstattung mit Moderatorenkoffern, Zuteilung und Bestuhlung der einzelnen Seminarräume), Bekanntgabe des Abendprogramms und Generalprobe durch zwei Gruppen, Vorbereitung des Plenarsaals, Vorbereitung und personelle Besetzung des Check-In (einige Gäste reisten bereits am Vorabend an), Installation der Technik, letzter Feinschliff an den Power Point Präsentationen, Probemoderation vor einem Testpublikum und Vorbereitung und Bezug der Schaltzentrale, die gleichzeitig als Redaktionsraum diente. Jeder kannte seine Rolle und seine Aufgaben. Erst am späten Abend waren die technischen und organisatorischen Vorarbeiten abgeschlossen.

Während sich die Mehrzahl der JUMP-Mitglieder jetzt in der Hotelbar entspannen konnte, herrschte in der Redaktion und Schaltzentrale hektisches Treiben. Die erste Ausgabe der Tagungszeitung sollte am Samstag morgen erscheinen. Bereits im Vorfeld waren aus jeder Niederlassung Stimmungsberichte zum Thema JUMP eingegangen. Auch das Layout war bereits fertig. Die fertige Ausgabe musste gedruckt, etwa einhundert mal kopiert und schließlich noch zusammengeheftet werden. Die Verteilung der Gäste auf die Zimmer übernahm freundlicherweise das Hotelpersonal. Voller Spannung, ob mit dieser Veranstaltung die gesteckten Ziele erreicht würden, fielen die letzten Jumper gegen fünf Uhr früh ins Bett.

1.3 Der Tag der Entscheidung

»Sehr geehrte Damen und Herren, ich möchte Sie heute morgen, auch im Namen der Inhaber des Hauses, auf der Führungskräftetagung 1998 sehr herzlich begrüßen . . .«. Als hätte sie nie etwas anderes in ihrem Leben gemacht, begrüßte die Moderatorin souverän und charmant die Gäste. Alle waren pünktlich eingetroffen, der Check-In hatte hervorragend geklappt, die Namensschilder und die Gutscheine für die Teilnahme an den Workshops waren verteilt und im Plenarsaal waren alle Augen auf die Moderatorin gerichtet. Sie stellte die Herren von der Unternehmensberatung vor und lud die Teilnehmer zum Einstieg zu einer kleinen Übung ein. Anschließend stellte sie den geplanten Tagungsablauf bis zur Mittagspause dar. Schließlich übergab sie das Mikrofon an einen der Inhaber, der mit seiner Eröffnungsrede das Thema »Verbesserung der Servicequalität« und dessen Bedeutung für die Bank in den Mittelpunkt stellte. Die von ihm aufgestellten Thesen wurden parallel zu seinem Vortrag eine nach der anderen auf die große Leinwand im Saal übertragen.

Nach dieser Rede wurden alle Teilnehmer aufgefordert, die Thesen in den Speaker's Corners zu thematisieren. An der südlichen und westlichen Seite des Plenarsaals hatten wir pro These jeweils drei Metaplantafeln vorbereitet. Die Führungskräfte waren aufgefordert, zu jeder der sechs Thesen ihre Zustimmung oder Ablehnung auf einer Skala von minus bis plus einhundert aufzutragen und in einem kurzen Statement zu dokumentieren. So etwas hatte es bei dieser Veranstaltung in der Vergangenheit noch nicht gegeben. Die Teilnehmer sollten von Anfang an mitmachen, mitdenken, mitgestalten; aktive statt passive Teilnahme. Einige waren sichtlich überrascht, andere fügten sich beinahe »gelangweilt« in ihr Schicksal. Alle erhoben sich von ihren Stühlen und sofort bildeten sich kleine Menschentrauben vor den Tafeln. An jeder Station wurde kreuz und quer diskutiert, gestikuliert, zugestimmt, abgelehnt, Thesen wurden aufgestellt und wieder verworfen. Was auf den ersten Eindruck wie ein heilloses Durcheinander aussah, entpuppte sich bei genauem Hinsehen als kreative und inspirierende Kommunikationsplattform.

Die Thesen, über die so ausgiebig diskutiert und debattiert wurde, lauteten im Einzelnen:

1. Die Erbringung von herausragendem Service wird belohnt!
2. Größe allein schafft keine Servicequalität – im Gegenteil: Kleine Einheiten sind flexibler, individueller, persönlicher, direkter! Wir haben alle Vorteile, nutzen sie aber nicht!
3. Die dem Kunden entgegengebrachte Servicequalität kann nur so gut sein, wie sie intern gelebt wird! Interner Service ist genauso wichtig wie externer Service!?
4. Den entscheidenden Sprung schaffen wir nur, wenn alle Mitarbeiter, auch die ohne Kundenkontakt, Service leben! Service geht uns alle an! Dies ist bei uns jetzt schon der Fall!?
5. Servicequalität ist personengebunden – sie verlangt Herz und Verstand des Mitarbeiters! Servicequalität kann man nicht lernen?!
6. Eine nachhaltige Verbesserung der Servicequalität wird sich in der Gewinn- und Verlustrechnung positiv niederschlagen!?

These 1 wurde mehrheitlich abgelehnt (u.a. »Anerkennung/Lob der Geschäftsleitung fehlt«, »Messlatte für Service fehlt, um daraus Belohnung abzuleiten«). Sehr konträr diskutiert und beurteilt wurden die Thesen 3 und 4 (u. a. »viele müssten sich noch mehr engagieren«, »nur so geht's«). Dagegen wurde bei den Thesen 2, 5 und 6 ein hoher Grad an Zustimmung deutlich (u. a. ». . . die Vorteile sind nicht allen bewusst«, »Herz und Verstand ist nötig«, »Banking ist Beziehungsmanagement«.) Die Tafeln mit den Thesen und den Diskussionsbeiträgen der Teilnehmer blieben während des gesamten Tages stehen. So konnte sich jeder seine Beiträge und die seiner Kolleginnen und Kollegen immer wieder vor Augen führen.

Nach einer kurzen Erfrischungspause wurde der Gastredner, Minoru Tominaga, angekündigt. Als die Moderatorin ihre Begrüßung und ihren Dank an Herrn Tominaga auf japanisch vortrug, brandete tosender Beifall durch den Saal. Herr Tominaga hielt einen äußerst lebhaften und kurzweiligen Vortrag über die Servicequalität in Deutschland. Sehr plastisch stellte er einige, teilweise extreme Serviceideen aus seinem Heimatland Japan vor. Er sparte auch nicht mit Kritik am deutschen Bankwesen. Kundenfeindliche Öffnungszeiten, überlange Bearbeitungszeiten und die mangelnde Bereitschaft zum Lächeln waren einige seiner Rügen. Die Botschaft war deutlich. Wir sollten nicht versuchen, blindlings japanische Ideen und Vorgehensweisen zu kopieren, bevor wir sie nicht richtig verstanden hätten. Der wesentliche Aspekt in unserem Handeln sollte immer der Kunde sein. Um guten Service und hohe Servicequalität zu bieten, müssen diese Ziele von oben bis unten durch die gesamte Organisation getragen und gelebt werden. »Der Fisch stinkt immer vom Kopf zuerst« war eine seiner provokanten Thesen, die er am Beispiel der Parkplätze für das Management bei deutschen Firmen verdeutlichte. Zuerst kommen Parkplätze »reserviert für die Direktion, die Direktion und die Direktion. Die Parkplätze für die Kunden kommen ganz hinten, weit hinten.« Das Lachen blieb vielen im Halse stecken. Am Ende seines Vortrags zog Herr Tominaga sogar seinen rechten Schuh aus, um allen die Vorteile seiner Hitech-Socken am Overhead-Projektor zu demonstrieren.

Danach kam der letzte Tagesordnungspunkt des Vormittags. Die Vorstellung der für den Nachmittag geplanten Workshops. Dazu stellten sich die Moderatorenteams mit ihren Themen in einer Kurzpräsentation vor und baten die Tagungsteilnehmer, ihr Angebot zur Teilnahme an einem Workshop anzunehmen. Dazu hatte jeder einen Gutschein erhalten, den er gegen eine Eintrittskarte zu einem Workshop eintauschen konnte. Um sicherzustellen, dass alle Workshops gleichmäßig gut besucht werden, wurden pro Workshop nur neun Eintrittskarten gedruckt. War ein Workshop ausgebucht, musste man sich für einen anderen entscheiden. Nachdem das letzte Team sein Thema präsentiert hatte, stürzten sich die ersten Teilnehmer auf die Eintrittskarten. Alle Eintrittskarten waren verteilt und wir gingen in die Mittagspause. Um 14.00 Uhr startete die Arbeit in den Workshops. Die Teilnehmer arbeiteten an den Themen:

- Workshop A – Unternehmenskultur
  Welche Veränderungen unserer Unternehmenskultur sind für künftig besseren Service nötig?
- Workshop B und Workshop H – Kurzfristige Maßnahmen
  Welche Maßnahmen zur Serviceverbesserung können kurzfristig umgesetzt werden?
- Workshop C und Workshop G – Führungsverhalten
  Welches Führungsverhalten ermöglicht herausragenden Service? Mit welchen Maßnahmen werden die Mitarbeiter in die Lage versetzt, herausragenden Service zu produzieren/leisten?
- Workshop D – Mitarbeiter motivieren
  Durch welche Maßnahmen kann die Motivation der Mitarbeiter erhöht werden?
- Workshop E – Image
  Wie können wir unser Image um die Eigenschaften innovativ und leistungsstark ergänzen?
- Workshop F – Infrastruktur
  Welche Infrastruktur sollte eine Privatbank haben?

Das Engagement und die intensiven Vorarbeiten zahlten sich jetzt voll und ganz aus. In allen acht Workshops wurde intensiv und mit Begeisterung an den Themen gearbeitet. Nach knapp zwei Stunden trudelten die Teilnehmer wieder im Hotelfoyer ein. Zur Stärkung standen Kaffee, Getränke und ein Kuchenbüffet bereit. Alle Teilnehmer tauschten sich über ihre Arbeit in den Workshops aus. »Es war sehr interessant und hat viel Spaß gemacht.«

Nach der Kaffeepause wurde die Gewinn- und Verlustrechnung und die Bilanz der Bank für das abgelaufene Geschäftsjahr 1997 vorgestellt. Die Zahlen wiesen gegenüber dem Vorjahr zum Teil deutliche Verbesserungen auf, auch wenn es die eine oder andere Bilanzposition gab, über die die Gesamtbank nicht ganz zufrieden sein durfte. Da dieser Punkt sehr kurz gefasst wurde, konnte zügig zur Präsentation der Ergebnisse aus den Workshops und der Teilprojekte aus JUMP geschritten werden. Die Moderatorenteams stellten in kurzen Abrissen ihre Themen und in Schlagworten die Highlights des Erarbeiteten dar. Dabei war für viele überraschend, dass der Punkt »Kommunikation« in fünf der acht Workshops als der wichtigste Eckpfeiler im Zusammenhang mit Service und Serviceverbesserung beurteilt wurde. Von insgesamt 208 zu verteilenden Priorisierungspunkten konnte Kommunikation vierunddreißig Punkte auf sich vereinen. Das waren über sechzehn Prozent. Den zweiten Platz mit dreizehn Punkten (gut sechs Prozent) erreichte das »Schaufenster Kunde« vor Trainieren mit elf Punkten (knapp fünf Prozent) und Eigenverantwortung mit neun Punkten (etwa viereinhalb Prozent). Weitere Schwerpunkte waren: Vorbild, Marketing, Technik, Selbsterkenntnis und Motivation. Die große Übereinstimmung in den Topthemen aber auch die Vielfalt in den weiteren Arbeitsgebieten waren beeindruckend.

Um den Tagungsteilnehmern zum Abschluss auch einen Überblick über die bisher in JUMP geleistete Arbeit zu geben, trugen jeweils zwei Mitglieder aus den drei Teilprojekten in Power-Point-Präsentationen ihre Ergebnisse vor. Sie stellten die wesentlichen Erkenntnisse aus der Kundenbefragung, die Ergebnisse aus der Mitarbeiterbefragung und die Resultate aus dem Projekt Benchmarking vor. Jeder Teilnehmer erhielt einen Satz Kopien der Präsentationen mit weitergehenden Informationen aus den Befragungen.

Zum Abschluss ergriff ein Inhaber das Wort. Er war sehr angetan von der Veranstaltung aber auch von der Motivation und positiven Energie der Teilnehmer. »JUMP ist seit heute nicht mehr ein Projektteam von dreißig jungen Mitarbeiterinnen und Mitarbeitern. Ab jetzt ist JUMP ein Projekt der gesamten Bank.« Weiterhin forderte er alle Teilnehmer auf, JUMP in allen Belangen bestmöglich zu unterstützen. Seine Überzeugung, dass JUMP ein erfolgreiches Projekt geworden ist, wurde von allen gerne zur Kenntnis genommen. Damit war der »offizielle« Teil des Kick-Off beendet. Er endete mit dem Dank an alle Teilnehmer und tosendem Beifall.

1.4 Das letzte Geheimnis

»Wozu brauchen wir in Bad Breisig wetterfeste Kleidung und festes Schuhwerk?« »Ich glaube, die machen eine Art Nachtwanderung mit anschließender Weinprobe.« »Ich laufe nicht, ich habe Hühneraugen!« Seit dem Eintreffen der letzten Einladung mit der Bitte, festes Schuhwerk und wetterfeste Kleidung mit nach Breisig zu bringen, ließen die Gäste ihrer Phantasie über den vermeintlichen Verwendungszweck freien Lauf. Das Spektrum reichte von freudiger Erwartung bis zur Protesthaltung. »Die können machen, was sie wollen, beim Wandern bin ich nicht dabei!«. Einige Teilnehmer waren der Überzeugung, aus einem vermeintlich besonders guten Verhältnis zu dem einen oder anderen Jumper Insiderwissen ziehen zu können. Auch die Taktik, dem Nachbarn ein schlechtes Gewissen einreden zu wollen, stieß auf taube Ohren. »Der weiß ja, was läuft,

1. Kick-Off Bad Breisig 1998: Die etwas andere Führungstagung

aber der Kerl verrät einfach nichts!« Auch die hartnäckigsten Anfragen mussten unbeantwortet bleiben. Der Verlauf des Abendprogramms war nicht einmal den Mitgliedern der Kerngruppe bekannt. So konnte ein Jumper die subtile Attacke von Partnerseite »mir können Sie es ruhig erzählen...« mit dem Hinweis »ich selbst weiß auch nichts« auskontern. Der Plan war und blieb geheime Kommandosache und war mit einer totalen Nachrichtensperre verhängt.

Nachdem sich die Teilnehmer wetterfest gemacht und im Plenarsaal versammelt hatten, stimmte einer der Jumper sie mit einer Geschichte auf den weiteren Verlauf des Abends ein. Der portugiesische König Heinrich III (genannt der Seefahrer) gründete im 14. Jahrhundert eine Seefahrerschule und legte damit den Grundstein für die weiteren Expeditionen der Portugiesen und Spanier auf der Suche nach dem Seeweg nach Indien. Aufbruch zu neuen Ufern und Verlassen der eingefahrenen Wege waren die Botschaften, die auch für das Projekt »Verbesserung der Servicequalität« gelten sollten. Mit der nächsten Aufgabe wurden die unterschiedlichen Facetten von Kommunikation und Kooperation spielerisch bewusst gemacht. In zehn Arbeitsgruppen hatten die Teilnehmer ein kleines Puzzle zu lösen. Kein Problem? Wenn Sie weder miteinander sprechen noch irgendwelche Zeichen geben dürfen, vielleicht schon. Die gelösten Puzzles enthielten die nächste Aufgabe. Die einzelnen Gruppen mussten die auf den Puzzles enthaltenen Teilinformationen zu einem Gesamtauftrag zusammenführen. Eine der Gruppen machte sich bereits auf den Weg. »Hallo! Wo wollt Ihr denn hin?« fragte einer von den anderen. »Zur Fähre, ist doch klar«, kam prompt die Antwort: »Und wie geht es danach weiter?« Der Kritiker blieb hartnäckig. »Äh, keine Ahnung!« Nachdem endlich klar war, dass die Erreichung des Zieles und die Lösung der Aufgaben nur gemeinsam durchführbar waren und alle Teilpläne koordiniert waren, setzte sich die Karawane in Marsch.

Das Ziel: Schloss Ahrenfels in Bad Hönningen am westlichen Rheinufer. Eine Personenfähre setzte in zwei Etappen über, nach weiteren zwanzig Minuten Fußmarsch erreichte man den Schlosshof. Die Geschichte der Seefahrer wurde fortgesetzt. Angekommen an den Gestaden Chinas erlernten die Reisenden die hohe Zen-Schule der Kunst, der Schriftstellerei, des Bogenschießens, des Schwertkampfes und des Festefeierns. Auch jetzt sollte ein Fest nach den Regeln des Zen gefeiert werden. Das klang verlockend. Doch vor das Vergnügen hatte der Zenmeister die körperliche Ertüchtigung gestellt. Die Sonne war gerade untergegangen. Der letzte Rest des Tageslichts und die brennenden Fackeln verliehen dem Schlosshof eine besondere Atmosphäre.

B   Umsetzung in die Praxis: Ein Fallbericht über 18 Monate

Vor einer kleinen Bühne wurden die Leibesübungen vorgegeben: Arm- und Beinkreisen, mit den Händen imaginäre Gegenstände greifen oder am eigenen Körper Abdrücke nehmen. Jeder machte mit, so gut er konnte. Schließlich war auch dieser Teil überstanden. In der »Jagdgalerie« des Schlosses erhielten die Gäste ihren zweiten und letzten Arbeitsauftrag. »Ihre Aufgabe für den heutigen Abend ist es, für uns alle ein Drei-Gänge-Menü in Drei-Sterne-Qualität zu erstellen. Dazu gehört auch die Herstellung eines künstlerisch wertvollen Rahmens sowie die Vorbereitung dieser Jagdgalerie mit Tischen, Stühlen und allen notwendigen Dekorationen! Bitte arbeiten Sie so, dass wir um 21.00 Uhr mit dem Essen beginnen können. Vorher soll noch eine Vernissage der Kunstwerke mit Sekt und Kanapees stattfinden.« Die gesamte Vorbereitungszeit betrug gerade einmal fünfundsiebzig Minuten. Die Teilnehmer schlossen sich, je nach Talent und Fähigkeit, einer Gruppe an: dem Küchenteam, dem Logistikteam oder dem Künstlerteam. Hurtig ging es an die Arbeit. In der Küche wurden Kartoffeln geschält, Salate und Pilze geputzt, Obst geschnitten und das Fleisch gebraten. Als Vorspeise sollte es eine Suppe geben, gefolgt von Schweinefilet mit Pilzsauce, Bratkartoffeln und gemischtem Salat und als Dessert Obstsalat. Dazu Rot- und Weißwein unterschiedlicher Provenienzen.

In der Jagdgalerie mussten derweil Tische und Stühle gereinigt und aufgestellt, Tischdecken aufgelegt, Bestecke und Geschirr gespült und eingedeckt werden. Eine ansprechende Dekoration rundete das Gesamtbild ab. Die Künstler hatten inzwischen ihre Ateliers bezogen und fertigten unter Anleitung in einer von Max Ernst zu Anfang dieses Jahrhunderts entwickelten Frottagetechnik mehrere Kunstwerke. Einige Akteure hatten zum Schutz gegen Farbkleckse die bereitstehenden Schutzanzüge übergezogen und sahen jetzt aus wie Astronauten kurz vor dem Raketenstart. Mit Feuereifer waren alle bei der Arbeit. Eine Unterabteilung des Küchenteams versorgte fortwährend alle Aktiven mit Getränken. Während in der Küche und den Ateliers konzentriert und harmonisch an der Fertigstellung der Aufgaben gearbeitet wurde, kam es im Team Logistik zu persönlichen Entgleisungen einer kleinen Minderheit, die sich partout nicht mit ihrer Rolle anfreunden wollte. Die Angegriffenen reagierten souverän und gelassen. Die Störenfriede konnten sich in einen Schmollwinkel zurückziehen und so wurde eine weitere Eskalation der gereizten Stimmung verhindert. Das blieb der einzige kleine Wermutstropfen, der aber den überaus positiven Gesamteindruck nicht nachhaltig trüben sollte.

Pünktlich wurde die Vernissage eröffnet. Bei Sekt und Kanapees konnten die Kunstwerke von einem fachkundigen Publikum begutachtet werden. Ein rauschendes Fest mit einem erstklassigen Menü und einem guten

1. Kick-Off Bad Breisig 1998: Die etwas andere Führungstagung

Tropfen Wein schloss sich an. Die Stimmung war so ausgelassen, dass die geplante Rückfahrt um eine Stunde verschoben werden musste. Doch alles hat einmal ein Ende und es kam die Stunde des Aufbruchs. Beschwingt und wohlbehalten wurde schließlich das Hotel »Vier Jahreszeiten« erreicht. Bei der großen Mehrheit der Teilnehmer war von zu Bett gehen noch überhaupt keine Rede. So wurde in der dicht gedrängten Hotelbar das Erlebte noch einmal in allen Einzelheiten durchlebt und ausgiebig diskutiert. Erst spät in der Nacht fielen die Teilnehmer erschöpft aber zufrieden in die Betten.

Sonntag morgen, 22. März 1998. Die Nacht war viel zu kurz, einige waren gar nicht in ihre Betten gekommen. Einer dankte allen Jumpern und dem Team der externen Beratung für das große Engagement, die Begeisterung, die Professionalität und die Souveränität und die Fähigkeit und Zähigkeit, sich durch auftretende Schwierigkeiten und Rückschläge nicht aus dem Konzept bringen zu lassen. Nur durch diese Teamleistung war der große Erfolg des Kick-Off möglich geworden. Eine Bitte zum Schluss: »Setzt alles daran, dass die positive Energie, die große Begeisterung und die Mitunternehmerschaft, die mit dem Kick-Off für das Projekt gewonnen wurde, in die Zukunft getragen und für uns weiter genutzt wird.«

2 Service-Auftrag umsetzen, aber wie?

Der Auftrag der Geschäftsleitung war im Grunde genommen eindeutig, nämlich die »Verbesserung der Service-Qualität der Bank«.

2.1 Die Idee

Die erste Kerngruppe war anfänglich der Meinung, wie einfach doch dieser Auftrag sei. Es wurde aber rasch klar, welch immenses Ausmaß dieses Ziel annehmen würde. Je länger man diskutierte, um so mehr Fragen und Aspekte tauchten auf. Dachte man anfänglich, dass der Servicegedanke ausschließlich auf die externen Kundenbeziehungen zu beziehen wäre, so wurde sehr schnell festgestellt, dass man keinen Bereich des Bankbetriebes vom Servicegedanken ausnehmen konnte. Hervorragender externer Service kann nur dann geleistet werden, wenn auch der interne Service zwischen den Abteilungen reibungslos funktioniert.

Nach kontroversen Diskussionen wurde bewusst, dass man nicht pauschal den Service der Bank in Frage stellen dürfe. Damit hätte man den Kollegen indirekt ein mangelhaftes Servicebewusstsein unterstellt. Das wäre nicht nur fachlich und menschlich völlig falsch gewesen, sondern hätte alle Kollegen berechtigterweise sofort zum Widerstand getrieben und nicht zur Mitarbeit ermuntert.

Es war also erforderlich, ganz konkrete Ansatzpunkte zur Serviceverbesserung zu finden. Und was lag hier näher, als die direkt vom Service Betroffenen zu befragen. Die Idee der Kundenbefragung war geboren. So war es möglich, eine Bestandsaufnahme aus Kundensicht zu erhalten, einen Status quo unserer Stärken und Schwächen. Auf diesem Wege konnte einerseits sichergestellt werden, dass keine Energie in Bereiche investiert würde, die bereits gut funktionierten und andererseits war damit die Gefahr weitgehend gebannt, dass sich Kollegen angegriffen fühlten. Außerdem kam man so auch gleich zu konkreten Ergebnissen, die beim Kick-Off-Meeting in Bad Breisig präsentiert werden konnten.

2.2 Planung und Durchführung der Kundenbefragung und deren Ergebnisse

Wer erledigt die Arbeit?

Es wurde von der ersten Kerngruppe ein Projektteam »Kundenbefragung« mit acht Teilnehmern aus allen Jumpern rekrutiert. Aus jeder Niederlassung sollte mindestens ein Mitarbeiter dabei sein. Die Aufgabe des Projektteams sollte die Organisation und Durchführung des gesamten Vorhabens sein – von der Datenbeschaffung, der Datenauswertung bis hin zur Präsentation in Bad Breisig. Innerhalb des Projektteams wurden die Aufgaben wiederum aufgeteilt, die zugewiesenen Aufgaben sollten eigenverantwortlich erledigt werden.

Wer und wie viele sollten befragt werden?

Hier war man sich schnell einig. Befragt werden sollten nur Zielkunden gemäß der vorliegenden Zielkundendefinition. Sie sollten vorzugsweise auch andere Bankverbindungen haben und möglichst viele Dienstleistungen der Bank in Anspruch nehmen. Die Kontoverbindung sollte darüber hinaus mindestens zwei Jahre bestehen.

Einerseits brauchte man natürlich eine möglichst breite Datenbasis, andererseits mussten die erhaltenen Daten auch noch gehandhabt werden können. Alle Zielkunden zu befragen wäre vom Arbeitsaufwand und vom Handling her schlichtweg nicht mehr darstellbar gewesen. Deshalb entschied man sich für eine Repräsentativumfrage: Je nach Größe der Niederlassung fünf bis fünfzehn Zielkunden jeweils aus dem Privatkundenbereich und dem Firmenkundenbereich.

Die zu erwartenden Antworten schienen ausreichend repräsentativ, die Ungenauigkeiten, die dadurch in Kauf genommen wurden, waren durchaus bewusst. Es war ja nicht das Ziel, eine statistisch einwandfreie Erhebung durchzuführen. Es sollten möglichst schnell verwertbare Ansatzpunkte zur Verbesserung des Service-Gedankens erarbeitet werden – und dieses Ziel schien erreichbar.

Wie sollte die Kundenbefragung durchgeführt werden?

Die Befragung mittels Interview wurde diskutiert. Aber die Bedenken gegen diese Form der Erhebung waren doch erheblich. Zum einen hätten die Befrager noch gründlich ausgebildet werden müssen, was angesichts des engen zeitlichen Horizonts bis zum Kick-Off nicht mehr sinnvoll hätte dargestellt werden können. Zum anderen wäre die Anonymität der

Befragten nicht mehr in der gewünschten Form zu gewährleisten gewesen. Demzufolge kam nur noch die schriftliche Befragung in Betracht. Und wieder mussten Entscheidungen getroffen werden, nämlich zwischen offenen Fragen mit freien Antworten und dem klassischen »Ankreuzen«. Die Vor- und Nachteile sind hinlänglich bekannt.

Lässt man die Kunden frei antworten, hat man das Problem der »Viel- und Wenigschreiber«, bekäme aber eventuell sehr ausführliche und differenzierte Ergebnisse. Die Kreuzchen hingegen würden eine standardisierte Auswertung zulassen und beim Kunden keine große zeitliche Belastung darstellen.

Letztendlich entschied sich das Team für eine Mischform. Der größte Teil der Befragung sollte mittels multiple-choice-Antworten, also durch Kreuzchen durchgeführt werden. Es sollte den Kunden aber auch die Möglichkeit gegeben werden, sich frei zu äußern, wenn sie dies wollten.

Welche Fragen waren zu stellen?

Dies war tatsächlich die langwierigste Aufgabe. Viele Fragen wurden eingebracht, auf ihre möglichen Ergebnisse hin überprüft, umformuliert, verworfen oder beibehalten.

Was denken sich die Kunden, wenn man die eine oder andere Frage stellt?

Dringt man mit manchen Fragen zu sehr in die Abteilungen ein?

Wie viele Fragen sollen es überhaupt sein?

Es wurde die Skalierung der möglichen Antworten besprochen und mit Unterstützung der externen Beratung den gängigen Befragungsskalen angeglichen. Dabei kam heraus, dass die Europäer, anders als die Amerikaner, beim Ankreuzen selten extreme Antworten (also »sehr gut« oder »sehr schlecht«) vergeben, sondern sich lieber im Mittelfeld der Bewertung bewegen – interessant, nicht wahr? – und für die Auswertung sehr wichtig.

Letztendlich wurden Fragen zu folgenden Themen formuliert:
- Kontaktpunkte Kunde – Bank
- Technischer Service
- Schriftwechsel / Stil / Formularwesen
- Image der Bank (Vergleich Eigen- und Fremdbild)
- Betreuungsqualität und -quantität
- Produktpalette
- Erwartungen und Wünsche des Kunden
- Allgemeine Kundenangaben

2. Service-Auftrag umsetzen, aber wie?

Gab es Widerstände in der Bank?

Natürlich wurde rasch in der Bank bekannt, dass eine Kundenbefragung anstand. Es war nun die Aufgabe der Teammitglieder, die Mitarbeiter, insbesondere die Kundenbetreuer und Abteilungsleiter, umfassend zu informieren. Die Reaktionen aus den einzelnen Abteilungen waren zwar neugierig, aber insgesamt nicht ablehnend. Viele Kollegen begrüßten eine solche Aktion sogar, erhofften sie sich doch eine Bestätigung vom Kunden, die intern bekannten, oftmals gerügten, bislang aber stets unbeseitigten Mängel endlich anzugehen.

Einige Zitate:
»Ich kann mir sehr gut vorstellen, was unsere Kunden antworten werden.«
»Hoffentlich reklamieren die Kunden die schon lange bekannten Schwachstellen, um endlich eine Lösung zu beschleunigen.«
»Na, da werden wir in mancher Hinsicht aber unser Fett wegkriegen.«
»Lassen Sie meine Kunden in Ruhe!«

Wie sollte die Befragung praktisch umgesetzt werden?

Hier war man sich wieder sehr schnell einig. Die Leiter der Privatkunden- und Firmenkundenabteilungen sollten Adressen zur Verfügung stellen. Vorher sollte aber über den zuständigen Kundenbetreuer geklärt werden, ob denn der Kunde mit einer Befragung einverstanden wäre. Die Resonanz bei den Kunden war durchweg positiv, kein Kunde hat seine Teilnahme an der Befragung verweigert.

Die Fragebögen wurden dann zusammen mit einem Anschreiben und einem freien Rückantwortkuvert an die genannten Adressen verschickt. Besonderes Gewicht wurde sowohl bei der telefonischen Voranfrage als auch im Anschreiben noch einmal auf die Anonymität der Rückantworten gelegt. Kein Kunde sollte fürchten müssen, bei kritischen Äußerungen eine etwas »straffere« Kontoführung als Quittung dafür zu erhalten. Insbesondere bei den Firmenkunden, die ja auch auf die Kreditbereitschaft der Bank angewiesen sind, war dies ein Anliegen.

Die Geschäftsleitung hatte sich vorbehalten, den Fragebogen vor Versand an die Kunden einzusehen. Die vorgelegten Unterlagen fanden uneingeschränkte Zustimmung.

Insgesamt wurden 107 Kunden befragt und 85 Antworten gegeben. Die Rücklaufquote belief sich also auf 79,4%.

Mit der Auswertung der Antworten, d. h. mit der statistischen Erfassung und Auswertung der Daten, wurde ein Studententeam beauftragt.

Was kam bei der ganzen Sache heraus?

Zunächst einmal war zu bemerken, dass den Kunden die von uns so sehr hochgehaltene Anonymität gar nicht so wichtig war. Es gingen sogar unterschriebene Antwortbogen ein.

Die einzelnen Ergebnisse können hier nicht dargestellt werden, aber einige Besonderheiten sollen doch besprochen werden.

Beim Themenkomplex »**Kontaktpunkte Kunde – Bank**« war auffällig, dass immer dann, wenn ein Mitarbeiter direkt mit dem Kunden zu tun hat (Empfang, telefonischer oder persönlicher Kontakt etc.), die Beurteilung gut bis sehr gut ausgefallen ist, ein klarer Hinweis dafür, dass der enge persönliche Kontakt zu den Kunden einen der wichtigsten Pluspunkte für die Bank darstellt.

Besonders interessant waren auch die Ergebnisse zum **Image der Bank**. Zusammen mit der Marketingabteilung wurde anhand der vorhandenen Image-Broschüre ein Eigenbild entwickelt und bei Kunden abgefragt, ob sie all die Eigenschaften erkennen können, die die Bank für sich selbst definiert hatte.

Das Resultat war erstaunlich.

Wieder wurden die Punkte, die in direktem Zusammenhang mit einem Mitarbeiter zu sehen waren (vertrauensvoll, zuverlässig, persönlich, kompetent und diskret), mit Abstand am positivsten bewertet und vom Kunden wiedererkannt.

Nachdenklich hingegen stimmte die Bewertung so wichtiger Eigenschaften wie z. B. »zukunftsorientiert« und »innovativ«. Diese Eigenschaften konnten die Befragten mit ihrer Bank weit weniger in Verbindung bringen. Auch die Attribute »leistungsstark«, »unabhängig« und »anspruchsvoll« wurden von den Kunden eher zurückhaltend bewertet.

Fast identische Ergebnisse ergab das abgefragte »Stärken-Schwächen-Profil«. Auch hier wurden die Zuverlässigkeit, die Partnerschaftlichkeit, die vertrauensvolle und persönliche Zusammenarbeit eindeutig als Stärken ermittelt. Und wieder wurde bescheinigt, dass die Kunden ihre Bank als nicht innovativ, als nicht universell, nicht zukunftsorientiert erleben – klare Schwächen, die aber ein breites Betätigungsfeld eröffnen. Dabei geht es gar nicht so sehr darum, ob diese Schwächen tatsächlich bestehen, sondern darum, dass die Kompetenz nicht komplett dargestellt wird.

Überrascht hat vor allem die Eindeutigkeit der Ergebnisse. Die Kunden werteten durchaus nicht nur in Mittelwerten, sondern nutzten die gesamte Skala, die von fast null bis 100% reichte.

2. Service-Auftrag umsetzen, aber wie?

Auch die Ergebnisse zur »Produktpalette« waren sehr hilfreich, stellte sich doch heraus, dass eine Vielzahl der Kunden überhaupt nicht über die ganze Breite des Dienstleistungsangebotes informiert war. Auch hier ergaben die Ergebnisse der Kundenbefragung direkte Ansatzpunkte, die Sofortmaßnahmen ermöglichen und rechtfertigen.

Überraschend intensiv wurden die offenen Fragen von den Kunden beantwortet. Die Auswertung dieser Ergebnisse war wesentlich schwieriger und erforderte einiges Fingerspitzengefühl. Die Palette der Antworten reichte vom dicken Lob bis hin zur direkt personenbezogenen Kritik. Insgesamt waren die Antworten sehr sachlich und gut zu verwerten.

Wie wurden die Ergebnisse kommuniziert?

Die standardisierten Antworten wurden in Balken-, Kreis- und Netzdiagrammen dargestellt und zunächst auf der Kick-Off-Veranstaltung in Bad Breisig den leitenden Mitarbeitern der Bank vorgestellt. Gleichzeitig wurden an alle Mitarbeiter die Ergebnisse in Papierform ausgehändigt. Die Antworten auf die offenen Fragen wurden auszugsweise und stichpunktartig als Zitate aufgelistet, bei der Vorstellung aber nicht weiter kommentiert.

Wie waren die Reaktionen auf die Ergebnisse?

Die Reaktionen der Kollegen waren im Grunde identisch mit denen des Projektteams. Viele der Antworten und auch deren Deutlichkeit haben überrascht und nachdenklich gestimmt.

Wie geht es weiter?

Auf die Frage »Würden Sie unsere Bank weiterempfehlen«, antworteten 97% der Befragten mit »Ja«.

Dieses phantastische Ergebnis ermuntert doch nun wahrlich, die Schwächen, so sie denn wirklich welche sind, anzupacken und dem Kunden zu beweisen, dass man sehr wohl in der Lage ist, auf seine Anregungen und Hinweise zu reagieren.

Die Ergebnisse der Kundenbefragung wurden der zweiten Kerngruppe übergeben. Diese sollte sicherstellen, dass aus dieser wertvollen Erhebung keine Aktenleiche wird, sondern dass die vielen Informationen aktiv in das Alltagsleben der Bank Eingang finden.

Es wurde bereits beim Beschluss zur Kundenbefragung festgelegt, dass nach einer angemessenen Zeit eine weitere Befragung durchgeführt werden soll, um zu sehen, ob sich die Entwicklung bereits in die richtige Richtung bewegt und ob dies beim Kunden auch tatsächlich ankommt – denn nur das ist wichtig.

3 Die Mitarbeiter kommen zu Wort

3.1 Das Konzept

Um das Servicebewusstsein und die Selbsteinschätzung bezüglich der Servicequalität transparent zu machen, wurde die Mitarbeiterbefragung bereits zu Anfang des Projektes JUMP als notwendiges Teilprojekt gesehen. Die Mitarbeiterbefragung sollte klar machen, wie man Servicequalität überhaupt erkennen kann und wie die Mitarbeiter der Bank den von ihnen geleisteten Service selbst beurteilen. Dadurch sollten sich Ansatzpunkte zur Erkennung und Verbesserung von Servicequalität auf jedem Arbeitsplatz in der Bank ergeben. Die parallel laufende Kundenbefragung wurde dabei insofern genutzt, als dass ein Teil der Fragen sowohl den Kunden als auch den Mitarbeitern gestellt wurden. Dadurch erhielt man die Möglichkeit, bezüglich einzelner Servicequalitäts-Merkmale das Eigenbild mit dem Fremdbild zu vergleichen.

Zur Vorbereitung musste als erstes die Unterstützung der Geschäftsleitung eingeholt werden, die auch bereitwillig zugesagt wurde. Nicht nur aus betriebsverfassungsrechtlichen Gründen wurde der Betriebsrat von Anfang an in die Planung mit einbezogen. Er zeigte sich sehr kooperativ. Er wünschte sich die schriftliche Zusicherung, dass personenbezogene Daten weder erhoben noch gespeichert werden. Ferner wurde die Vernichtung aller Erhebungsdaten nach der Auswertung sowie die Vermeidung der Identifizierung einzelner Gruppen zugesichert. Dadurch wurde zwar eine gewisse Einschränkung gemacht, die die ersten Ideen blockierten, führte letztlich aber zu einem überschaubaren, einheitlichen Fragebogen. Eine Differenzierung der Fragebögen nach einzelnen Niederlassungen und/oder Abteilungen wurde lange diskutiert und letztlich durch die Einschränkung des Betriebsrates endgültig verworfen. In der Auswertung und zielgerichteten Analyse hätte es sicherlich einen Zusatznutzen geschaffen, im Ablauf und der Auswertung allerdings eine hohe Komplexität ergeben.

Zur Orientierung wurden zunächst Fragebögen anderer Banken gesichtet, die sich allerdings selten allein auf das Thema »Servicequalität« bezogen. Diese Themensetzung sollte allerdings keinesfalls aufgeweicht werden, auch wenn einige Mitarbeiter die Befragung teilweise als Erhebung zur »Stimmungslage in der Bank« interpretierten. Die Anonymität der Befragung wurde als ganz besonderer Punkt von vornherein festgelegt, da nur dann »ungeschminkte« Antworten erwartet werden konnten, wenn der Befragte keinerlei persönliche Konsequenzen daraus zu befürchten hatte. Es sollte ein möglichst authentisches Bild der Mitarbeiter zur Bewertung der Servicequalität der Bank ermittelt werden. Daher sollte der Fragebogen nach Möglichkeit von jedem Mitarbeiter (natürlich einschließlich der Geschäftsleitung, die übrigens auf der Teilnahme bestand) unabhängig und geheim ausgefüllt werden. Dazu sollte quasi eine Punkterhebung beitragen: An einem Tag sollten die Fragebögen verteilt und wieder eingesammelt werden. Gleichzeitig war diese Vorgehensweise hilfreich angesichts des engen Zeitrasters von 8 Wochen. Für die Konzeption, die notwendigen Abstimmungen und einen Testlauf mit Auswertung waren drei Wochen eingeplant. Da aber mindestens vier Wochen für die Auswertung der Umfrage und den Vergleich mit der Kundenbefragung gegeben sein sollten, blieb insgesamt nur eine Woche, um alle Bögen zu verteilen und zurückzuerhalten.

Es wurden insgesamt 24 Fragen gestellt, die allerdings bis auf drei durchgängig als Aussagen formuliert wurden. Dadurch wurde es möglich, eine einheitliche Bewertungsskala mit den Ausprägungen »Stimme zu« bis »Stimme nicht zu« zu verwenden. Bewertungsskala war eine 7er-Skalierung (von »---« über »0« bis »+++«), um einerseits über die »0« eine neutrale Bewertung zu ermöglichen und andererseits eine ausreichende Differenzierung zu gewährleisten.

Um möglichst umfassend zum Thema Servicequalität zu befragen, wurde bei der Konzeption der ganze Bereich in vier Dimensionen gegliedert: 1. Zeit, d. h. Erreichbarkeit, Beratungszeit, Bearbeitungsdauer und Antwort-/Reaktionszeit. 2. Mensch, d. h. Kundenorientierung, Initiative, Zuverlässigkeit, Vertraulichkeit, Kommunikationsfähigkeit, Schriftverkehr, Beratung/Betreuung, Auftreten/Umgangsform, Kritikfähigkeit, fachliches und technisches Know-how und Problemlösungsorientierung. 3. Technik, d. h. Informationstechnologien, Telefon/Telefax/Internet, Electronic Banking und Arbeitsmittel/-ausstattung. 4. Raum, d. h. Standorte, Erscheinungsbild der einzelnen Niederlassungen und Präsenz der Beratung. Außerdem wurden die Fragen in solche, die ausschließlich den externen Kundenservice betreffen, und solche, die sowohl den externen als auch den internen Service zum Inhalt haben, eingeteilt.

Der Aufbau des Fragebogens erfolgte so, dass ein Geleitwort der Geschäftsleitung vorangestellt wurde, in dem die Serviceorientierung und der Kundennutzen der Servicequalität betont wurden. Darüber hinaus wurde in Erinnerung gerufen, dass jeder Mitarbeiter Servicegeber und zugleich Servicenehmer ist. Dann folgte die Anleitung zum Fragebogen, in der auf die Anonymität hingewiesen und der Aufbau und die Bewertungsweise kurz erläutert wurde. In der Struktur des Fragebogens wurde nun erst die Niederlassung und der direkte Kundenbezug abgefragt, dann folgten die Fragen, die der Kundenbefragung angepasst waren und nur von Mitarbeitern mit externem Kundenbezug beantwortbar waren. Daran schloss sich der Bereich der allgemeinen Fragen, die zu gleichen Teilen den vier Servicedimensionen entnommen wurden. Eine Gewichtung der Ergebnisse wurde durch die Frage erreicht: »Welche drei Fragen dieser Mitarbeiterbefragung sind Ihnen besonders wichtig?«.

Abschließend wurde eine offene Frage gestellt: »Welche Hindernisse in der Bereitstellung von Service sind Ihnen bekannt?«. Diese Frage hatte den JUMP-internen Arbeitstitel »Kummerecke«. Damit sollte Mitarbeitern einerseits ermöglicht werden, konkrete Problemstellungen zu formulieren. Andererseits brauchte deren Erwartung auf eine Befragung der Stimmungslage ein »Ventil«. Ein wichtiger Punkt im Konzept der Mitarbeiterbefragung war die feste Zusage (und Einhaltung!) der bankweiten Veröffentlichung der Ergebnisse und der regelmäßigen Wiederholung.

3.2 Der Ablauf

Kein Projekt ohne Pilot. Dieses wichtige Element erfolgreichen Projektmanagements wurde in einem Testlauf bei 30 Kollegen des JUMP-Teams eine Woche vor der eigentlichen Befragung umgesetzt. Der Test brachte die Erkenntnis, dass einige Fragen nicht klar genug formuliert waren. Nach schneller Nachbesserung konnte es endlich losgehen. Der Tag der Fragebogenverteilung wurde sorgfältig vorbereitet. Es war ein Dienstag. Dabei spielten interne und externe Gegebenheiten eine Rolle (Montag und Freitag sind denkbar ungünstige Tage). Drei Tage vorher wurde der Aufruf der Geschäftsleitung veröffentlicht, der die Mitarbeiter mit der Befragung vertraut machte, Interesse weckte und die Wichtigkeit unterstrich. In der Ablaufdramaturgie wurde für den Tag unmittelbar vor der Befragung eine weitere Sensibilisierung der Mitarbeiter durch Flugblätter und Hinweisschilder (Schwarze Bretter, Kantine) sowie Mundpropaganda vorgesehen und erfolgreich durchgeführt. Aus diesem Grund war kein Kollege am Tag X überrascht, als jedem einzelnen morgens zwischen 9.00 und 10.00 Uhr (kein Zufall, denn dieser Zeitraum war als derjenige mit der größten Anwesenheit ausgemacht) der Bogen in die Hand gedrückt wurde. Nicht anwesenden Mitarbeitern, die aber innerhalb einer Woche wieder am Arbeitsplatz sein würden, wurden die Fragebogen später ausgehändigt. Die örtlichen Betriebsräte unterstützten die Verteilaktion und nahmen damit den kritischen Zeitgenossen auch die letzten Zweifel.

3. Die Mitarbeiter kommen zu Wort

Von vereinzelten kleineren Wutausbrüchen abgesehen (»Lasst mich damit in Ruhe. Keine Zeit. Ich saufe im Tagesgeschäft ab.«), waren die Reaktionen positiv und die Bereitschaft groß, die Bögen bis zum Nachmittag auszufüllen. Schon im Vorfeld und beim Verteilen war nochmals erwähnt worden, dass die Bögen am selben Tag wieder abgeholt würden. Wem das zu fürsorglich war (vor allem den Nörglern, die keine Zeit hatten), der konnte seinen ausgefüllten Bogen in den vorbereiteten und mitausgehändigten Briefumschlag stecken und der Hauspost überlassen. Sammelstelle war die Revision, was bei vielen den Eindruck der Seriosität verstärkte. Nicht zuletzt durch das Wiedereinsammeln bzw. den vorbereiteten Rückumschlag, aber auch durch das gute Marketing wurde eine durchschnittliche Rücklaufquote von 84% erzielt, wobei die 68% und die 70% zweier kleinerer Niederlassungen durch ein 90%-Ergebnis einer anderen Niederlassung wettgemacht wurden. Das Ergebnis der restlichen drei Niederlassungen lag im Schnitt. Insgesamt wurden 371 Fragebögen verteilt. Die letzten Rückläufe trudelten 10 Tage nach dem Start ein.

Aufgrund des knappen Zeitrahmens begann zwei Tage nach der Befragung die Auswertungsarbeit mit dem aufwendigen Erfassen aller zurückgekommenen Fragebögen. Da externe Unterstützung das Budget bei weitem gesprengt hätte, legte das Team selbst Hand an. Es waren nicht die schlechtesten Erfahrungen, die dabei gesammelt wurden. Die 310 Bögen wurden auf fünf freiwillige Kollegen aus dem JUMP-Team verteilt und teilweise in Nachtarbeit akribisch und Bogen für Bogen in eine vorbereitete Datenbank eingegeben. Die MS-Access-Datenbank wurde dann nach MS-Excel exportiert. Mittels MS-Excel kam es dann zu der mit Spannung erwarteten Auswertung: Zu jeder Frage eine Kernaussage, untermauert durch Tortendiagramm und/oder Balkendiagramm. Die Antworten auf die offenen Fragen wurden separat gesammelt und zuerst den Mentoren zur Verfügung gestellt. Für die Ergebnispräsentation wurden sie dann noch in Themenschwerpunkte gegliedert.

4 Benchmarking – Gut, dass wir verglichen haben!

Der Begriff ist zwar leicht zu übersetzen, als »Methode« in Deutschland aber noch nicht sehr geläufig. Immerhin aber geläufig genug, um das Interesse einiger JUMP-Mitglieder zu wecken, die sich zu einer Projektgruppe zu diesem Thema zusammenfanden. Die Projektgruppe konnte sich jedoch nicht gleich in die praktische Arbeit stürzen. Dazu war das Thema doch zu komplex. Zunächst hieß es einmal: Literatur zusammensuchen und sich theoretisch auseinandersetzen. Dabei stößt man darauf, dass Benchmarking eigentlich ein alter Hut ist – um genau zu sein: 20 Jahre alt. 1979 beschäftigte sich nämlich Charles Christ, der damalige Präsidenten des US-amerikanischen Kopiergeräteherstellers Rank Xerox, damit, wie man der japanischen Konkurrenz beikommen könnte. Charles Christ hatte jedoch wenig Lust, sich im stillen Kämmerlein den Kopf zu zerbrechen. Deswegen schickte er einige seiner Mitarbeiter ins ferne Japan um die Methoden der Konkurrenz vor Ort zu untersuchen. Woran erinnert das? An Industriespionage, eine kriminelle Handlung, die normalerweise bestraft wird? Nicht in diesem Fall, hier war es die Geburt einer neuen Methode – Benchmarking!

Rein historisch gesehen sind »Wertumkehrungen« nichts Außergewöhnliches. Was gestern noch verwerflich war, ist heute oft »Wahrheit« geworden. Betrachtet man nur den lang gehegten Glauben, dass die Erde eine Scheibe sei. Wer seinerzeit etwas anderes behauptete, konnte in echte Schwierigkeiten kommen. Heute ist der Fall umgekehrt! So könnte man sich wieder fragen: Handelt es sich im Kopiergerätehersteller-Fall um einen ganz normalen Vorgang von Horizonterweiterung oder um etwas ganz anderes, vielleicht so etwas wie einen Wolf im Schafspelz?

Im Prozess der theoretischen Annäherung an das Thema klammerte das Projektteam Benchmarking diese »bewertende« Frage jedoch aus und stellte zunächst fest: Benchmarking ist die Suche nach den besten Prozessen, besten Vorgehensweisen oder Ergebnissen, die für die jeweilige Aufgabe und den Erfolg im eigenen Unternehmen relevant sind. Ziel ist dabei, von diesen Prozessen, Vorgehensweisen und Ergebnissen zu lernen und sie – sofern möglich und sinnvoll – zur Verbesserung der eigenen Leistung im eigenen Unternehmen einzusetzen. Anders ausgedrückt und auf das Eingangsbeispiel des Kopiergeräteherstellers angewandt: Was genau macht den japanischen Kopiergerätehersteller erfolgreicher als den amerikanischen und wie können diese Erkenntnisse auf das eigene Unternehmen übertragen werden?

Hinter dieser Denkweise steckt ein Grundgedanke, der im Sport schon immer praktiziert wurde. Der Gedanke des Wettkampfes. Sich mit anderen vergleichen – das spornt an und erweitert den eigenen Horizont! Man stelle sich einen Langstreckenlauf vor. Der beste Läufer nimmt die Führungsposition ein. Geht jedoch kein anderer Läufer sein Tempo mit, wird er womöglich langsamer. Achtet er nicht darauf, was hinter ihm geschieht, wird er womöglich überholt. Die Läufer hinter ihm werden durch seine Leistung angespornt. Bestenfalls bildet sich eine Spitzengruppe, in der sich die Läufer gegenseitig zur Höchstleistung anspornen. Nichts anderes ist Benchmarking! Versucht man nur auf sich selbst konzentriert ein Problem zu lösen, kann es passieren, dass man sich vollkommen falsch einschätzt. Ist man aber bereit, über den eigenen Tellerrand hinaus zu sehen, kann man sich selbst kritischer und gegebenenfalls aus einem anderen Blickwinkel heraus betrachten.

Weiterhin gibt es neben dem vom Kopiergerätehersteller praktizierten Benchmarking, dem Vergleich mit einem Mitwettbewerber – sprich externes Benchmarking, weitere Möglichkeiten. Zum einen: Das interne Benchmarking. Hier sucht man nicht bei seinem Konkurrenten, sondern bemüht sich um einen Vergleich im eigenen Unternehmen. Zum anderen: Die Möglichkeit, bei einem branchenfremden Unternehmen hinter die Kulissen zu schauen. Solange der Vergleich sinnvoll ist, sind der Phantasie fast keine Grenzen gesetzt!

Aber auch nur fast keine Grenzen. Denn – und das war die nächste sich dem Benchmark-Team stellende Frage: Wie bringt man seinen Konkurrenten, seinen Kollegen oder irgendein anderes Unternehmen dazu, seine Erfolgsrezepte zu verraten?

Im Heimatland des Benchmarkings, den USA, haben sich zur Überwindung genau dieser Grenze Clubs gebildet. Unternehmen haben sich zusammengeschlossen, um Daten und Erfahrungen auszutauschen. Den Clubmitgliedern stehen umfangreiche Datenbanken zur Verfügung, in denen sie nach Zahlenmaterial und Erfolgsstrategien anderer Mitgliedsunternehmen suchen können. Dabei geht es nicht um ein nettes Gespräch oder ein bisschen Eigenwerbung. Es geht um Fakten – und gegebenenfalls muss man wirklich die Karten offen auf den Tisch legen! Dahinter muss die Überzeugung stecken: Gebe ich nur Wischiwaschi, kriege ich auch nur Wischiwaschi. Also – ganz oder gar nicht!

Der Fall, der hier zu bearbeiten war, spielt sich jedoch in Deutschland ab, wo Benchmarking noch nicht seit 20 Jahren ein Begriff ist. So mancher sieht da eher den eingangs erwähnten Wolf im Schafspelz als einen Vorgang, der mit Horizonterweiterung zu tun hat. Gerade in eher konservativen Bereichen ist man da lieber etwas vorsichtig und lässt es gegebenenfalls lieber ganz. Spätestens bei dieser Einsicht wurde unmissverständlich klar: Benchmarking ist gar nicht so einfach!

Trotz allem stieg das Projektteam in die praktische Arbeit ein und suchte nach Unternehmen, die als Benchmark-Partner in Frage kommen könnten. Als externe Partner wurde zum Beispiel ein US-Versandhaus, ein Hotel der Luxusklasse und ein Hersteller von Luxusartikeln ausgesucht. Kriterien für die Auswahl dieser Firmen waren einerseits deren hohe Qualität in puncto Service und andererseits die vermutete Übereinstimmung in der Kundenstruktur der Benchmark-Partner und der Bank. In einem dieser Fälle machte die Projektgruppe tatsächlich Bekanntschaft mit dem »Wolf im Schafspelz«. Gerade das amerikanische Unternehmen blockte unser Interesse an ihren Erfolgsrezepten vollkommen ab. Ganz anders bei den anderen beiden Partnern. Das mit einem Mitglied des Benchmark-Projektes geführte Gespräch war sehr offen und brachte äußerst interessante Erkenntnisse:

Hier nur ein Auszug aus den »Erfolgsrezepten«:

- »Qualität kommt von Quälen«, das heißt immer Einsatz von 100% bringen
- Vorgesetzte müssen Vorbild sein
- Sich immer wieder in die Situation des Kunden versetzen
- Schulungen finden in der normalen Arbeitsumgebung, d. h. am Arbeitsplatz mit den Kollegen, statt
- Mitarbeiter haben Gastgeberqualitäten und weisen auf jeden Fall ein gepflegtes Äußeres auf
- Mitarbeiter tragen die im Geschäft zu verkaufende Kleidung, stechen jedoch nicht den Kunden aus, denn der Kunde ist der Star
- Kunden können bei Beschwerden ansprechen, wen sie wollen, eine zentrale Beschwerdestelle ist zwar praktischer für das Unternehmen, aber nicht für den Kunden
- die Anzahl der Mitarbeiter pro Hotelzimmer muss höher als 1 sein
- über jede Beschwerde ist die Geschäftsleitung zu informieren, eine Entschuldigung beim Gast erfolgt durch die Geschäftsleitung
- die Mitarbeiter kennen die *personal history* der Gäste (Vorlieben, Hobbys)
- neben VIPs gibt es VIKs (very important kids) und VIDs (very important dogs)
- Mitarbeiter und Direktion halten regelmäßige Treffen ab.

4. Benchmarking – Gut, dass wir verglichen haben!

Neben dem Kontakt zu externen Benchmark-Partnern führte die Benchmark-Projektgruppe ein ausführliches internes Benchmarking durch. Die Informationssuche gestaltete sich hier relativ einfach. Wer eine gute Leistung erbringt, ist meistens bekannt und kann befragt werden.

So wurden Mitarbeiter aus den verschiedenen Niederlassungen der Bank, die als besonders serviceorientiert angesehen werden, befragt. Auch mit diesen Benchmark-Partnern wurden sehr offene und interessante Gespräche geführt! Übergreifend war eines diesen Gesprächspartnern gemeinsam: Die Begeisterung für das Thema Service und für ihre Kunden. Service war für diese Mitarbeiter nicht nur ein »Modethema«, sondern eine Sache mit der sie sich schon lange und wie selbstverständlich beschäftigten. Die Beziehung zum Kunden – sei es ein Kollege oder ein »tatsächlicher« Kunde – lag den Gesprächspartnern am Herzen. Bei allen Befragten stand der Kunde an erster Stelle und war individuell zu betreuen, diese Haltung wird der individuellen Persönlichkeit angepasst und kann somit ehrlich und nicht aufgesetzt beim Kunden ankommen.

So lädt der eine seine Kunden gerne in das beste Lokal am Platz ein und demonstriert so, was ihm sein Kunde wert ist. Der andere achtet bei seiner Kundeneinladung auf räumliche Nähe zur Bank und ein vernünftiges Preis-Leistungs-Verhältnis. Die Wertschätzung drückt sich hier dadurch aus, dass Kundengelder mit Bedacht ausgegeben und dem Kunden auf diese Art und Weise seine Wichtigkeit demonstriert wird.

Zudem ist gute Servicequalität auf jeden Fall Chefsache. Was der Chef nicht vorlebt, kann der Mitarbeiter nicht nachleben! Außerdem muss auf dem Gebiet Servicequalität regelmäßig und auf lange Sicht geschult werden. Und auch hier sind wieder die Führungskräfte gefragt, ihre Mitarbeiter konsequent zur Weiterbildung anzuhalten.

Für das Auftreten nach außen wurde auch die Stimmung innerhalb der Bank beziehungsweise der Abteilung als ausschlaggebend angesehen.

Die Ergebnisse aus den geführten Gesprächen wurden zusammengestellt und im Rahmen der Kick-Off-Veranstaltung veröffentlicht.

Die Aktivitäten der Benchmark-Gruppe stießen immer wieder auf Kritik. Es wurde bemängelt, dass hier keine messbaren Ergebnisse abgeliefert wurden. Die Ergebnisse konnten tatsächlich nicht gemessen oder gar in Diagrammen dargestellt werden. Die Aktivitäten der Projektgruppe waren zudem auch nicht direkt »spürbar«. Es gab keine Fragebögen an Kunden oder Mitarbeiter. Das Thema Benchmarking erfordert eine Menge an theoretischer Auseinandersetzung, bevor überhaupt Taten folgen können. Zudem war es anfangs wirklich schwer zu glauben, dass vollkommen fremde Unternehmen der Bank gegenüber ihre »Erfolgsgeheimnisse« offenbaren. So musste erst einmal gegenseitige Überzeugungsarbeit geleistet werden.

Zugegeben, das Projekt konnte nicht vollumfänglich realisiert werden, das Thema Benchmarking bietet noch eine Menge mehr Boden für Aktivitäten. Doch genau dazu bilden die durch das Benchmark-Team im Rahmen der Projektarbeit erzielten Ergebnisse eine wertvolle Grundlage!

5. Gesagt – Getan! Die Ideen des Kick-Off werden realisiert

Nach dem »Kick-Off«-Wochenende in Bad Breisig waren die Erschöpfung, aber auch die Zufriedenheit groß. In den Workshops hatten die Führungskräfte viele Anregungen zur Serviceverbesserung erarbeitet. Die Teilnehmer hatten sich intensiv an den Diskussionen beteiligt und deutlich gemacht, dass es sich lohnt, die Arbeit aufzunehmen. Gerade von »altgedienten« Führungskräften war aber auch zu hören, dass es derartige Versuche schon oft gegeben hätte, die dann alle früher oder später im Sande verlaufen wären. Es kam nur darauf an, diese Meinungen zu widerlegen und einen Prozess in Gang zu setzen, der alle Mitarbeiter einbezieht und zu konkreten Verbesserungen der Serviceleistungen führt. Die Erfahrung aus Bad Breisig zeigte, dass bei gemeinsamer Anstrengung Leistungen erbracht werden können, die vorher nicht für möglich gehalten wurden.

Um die erarbeiteten Ideen aufzunehmen und eine Veränderung in der Unternehmenskultur mit dem Ziel eines besseren Services zu initiieren, sollten kurzfristige Maßnahmen zur Serviceverbesserung eingeleitet werden. Die neu eingesetzte Kerngruppe grenzte verschiedene Themenkomplexe ab. In den Bereichen der Bank mit Kundenkontakt waren die Störfaktoren für die Erbringung besserer Serviceleistungen zu ermitteln. Die Mitarbeiter sollten Maßnahmen zur Serviceverbesserung und zur Intensivierung des Kundenkontaktes in ihrem eigenen Arbeitsbereich erarbeiten. Um die Abteilungen der Bank, die vornehmlich internen Service leisten, besonders anzusprechen, wurde ein internes Service-Barometer zur Messung von Service-Leistungen eingeführt. In diesen Bereichen sollte das Bewusstsein gestärkt werden, dass Service für interne Kunden geleistet wird. Als Unterstützung bei der Auswertung der zu erstellenden Fragebögen sowie der Messung des Zielerreichungsgrades von ermittelten Zielen sollte eine Messschiene eingeführt werden, die als »Monitoring« bezeichnet wurde. Daneben wurde die Installation eines bankweiten Beschwerdemanagement-Systems (später als Kunden-Impuls-Management bezeichnet) beschlossen.

Aus der Mitarbeiterbefragung ergab sich, dass in einigen Bereichen besonderes Frustrationspotenzial und geringe Motivation festzustellen war. Aus der Kundenbefragung kristallisierten sich Bereiche mit starken Servicedefiziten heraus. Diese Abteilungen sollten durch ein »Brennpunkt-Management« betreut und durch spezielle Beratungsprojekte in den Stand versetzt werden, die vorhandenen Probleme besser anzugehen. Hierfür erhielten die Teilnehmer der Projektgruppe auch eine Schulung in Unternehmensberatung. Für die ersten Beratungsprojekte gab es jedoch keine Unterstützung in der Bank. Die Beratungsprojekte wurden daher in die für die anderen Bereiche entwickelten Workshops integriert.

Nachdem die Kerngruppe diese Beschlüsse bekannt gegeben hatte, entstand eine heftige Diskussion über die kurzfristig zu erarbeitenden Maßnahmen. Die Kollegen einer Niederlassung hatten als Ergebnis der Workshops, die auf dem Kick-Off-Meeting stattgefunden hatten, ermittelt, dass dem Thema »Kommunikation« eine überragende Bedeutung zukam. Dies sahen sie in den kurzfristig umzusetzenden Maßnahmen nicht ausreichend berücksichtigt. Die Befürworter argumentierten dagegen, dass die beschlossenen Maßnahmen sämtlich zur Verbesserung der Kommunikation im Unternehmen beitragen würden. Die Kommunikation zwischen dem JUMP-Team und allen anderen Mitarbeitern wurde Aufgabe einer separaten Arbeitsgruppe. Die Beschäftigung mit den Themen der unternehmensweiten Kommunikation und Fragen der Personalentwicklung und -führung hätte sehr leicht von unserem eigentlichen Thema der Verbesserung des Kundenservice weggeführt.

Bildung von Teilprojekten – Erarbeitung der bankweiten Workshops

Jeder Teilnehmer des Projektes konnte sich nun einer Projektgruppe anschließen, die ein ihn interessierendes Thema bearbeiten wollte. Einige empfanden die Aufgaben als so herausfordernd, dass sie an mehreren Projektgruppen teilnahmen. Die Gruppen fanden sich zum Teil auf der Basis bestehender Teilprojekte zusammen. So entstand aus der Projektgruppe, die sich mit der Kundenbefragung beschäftigt hatte, die Projektgruppe zur Intensivierung des Kundenkontaktes. Aus der Gruppe »Mitarbeiterbefragung« wurde die Gruppe, die die Intensivierung des internen Service auf den Weg bringen wollte.

Die Projektgruppen erhielten die Namen Kommunikation (KOM), Intensivierung des Kundenkontaktes (IdKK), Intensivierung des internen Service (IdiS), Brennpunktmanagement, Monitoring und Kunden-Impuls-Management (KIM). Innerhalb der Projekte setzten sich die in Klammern genannten Abkürzungen durch. Für andere Mitarbeiter blieben sie zum Teil jedoch eher fremd und sorgten bei manchen auch dafür, dass eine Abschottung des JUMP-Teams gegenüber den anderen Mitarbeitern vermutet wurde. Hier bestand die Gefahr der Schaffung eines eigenen, nur den JUMP-Teilnehmern bekannten Kommunikations-Kodexes, über den auch innerhalb von JUMP heftig diskutiert wurde.

5. Gesagt – Getan! Die Ideen des Kick-off werden realisiert

Die Kollegen für die Workshops begeistern – Die Vernissagen

Jeder, der in Bad Breisig an der abendlichen »Überraschungsveranstaltung« teilgenommen hatte, wusste, welche ungeahnten Kräfte und Fähigkeiten zeitweilige Köche, Künstler und Organisatoren entwickeln können. Den Kollegen, denen in den Niederlassungen von der Veranstaltung berichtet wurde, blieb dieses Gefühl jedoch zumeist verborgen. Um die künstlerischen Ergebnisse allen zugänglich zu machen und den Startschuss für die anstehenden Workshops in allen Abteilungen der Bank zu geben, entstand die Idee, alle Mitarbeiter einer Niederlassung an einem Abend zu einer Vernissage zu bitten, um in lockerem Rahmen die beim Kick-Off entstandenen Bilder vorzustellen. Außerdem sollte Gelegenheit geboten werden, Fragen zu beantworten, was das JUMP-Team in der Zeit nach Bad Breisig getan hat und welche Themen als nächstes angegangen werden sollten.

Die geplanten Workshops wurden auf Folien in Kurzform vorgestellt und so über die Ziele und den Ablauf der Arbeiten in den Workshops informiert. Die Bitte, hierzu weitergehende Fragen zu stellen, wurde unterschiedlich aufgenommen. In den meisten Niederlassungen kam es zu keiner umfangreichen Diskussion über die Themen und die Vorgehensweise. Erst im informellen Teil, als die Möglichkeit bestand, die Bilder zu betrachten, ergaben sich intensive Gespräche. Für viele Teilnehmer der Vernissage blieb jedoch der Eindruck, dass hier eine zusätzliche Verpflichtung auf sie zukam. Die Chance, selbst an der Entwicklung der Abteilung mitzuwirken, eigene Ideen und Kenntnisse einzubringen, stand für viele Mitarbeiter nicht im Vordergrund und konnte von den Mitgliedern des JUMP-Teams nicht überall deutlich genug dargestellt werden.

Intensivierung des Kundenkontaktes

Ziel dieser Arbeitsgruppe war es, das Servicebewusstsein eines jeden Mitarbeiters, der in direktem Kundenkontakt steht, zu erhöhen. Ein Ergebnis der Kundenbefragung war, dass der persönliche, intensive Kontakt für viele das entscheidende Kriterium ist, bei der Bank Kunde zu sein. So galt es, diese Erkenntnis in die entsprechenden Bereiche zu transportieren und zusätzliche Bemühungen in Gang zu setzen, diesen besonderen Vorteil der Bank zu nutzen und weiterzuentwickeln. Es sollte unter dem Stichwort »Was kann *ich ab morgen* besser machen?« eine Reflektion bei den Mitarbeitern initiiert werden.

Hierzu nahm die Projektgruppe zunächst zu den Abteilungsleitern der entsprechenden Bereiche Kontakt auf, um dafür zu werben, **allen** Mitarbeitern die Teilnahme an einem Workshop zu ermöglichen. Nach den

B   Umsetzung in die Praxis: Ein Fallbericht über 18 Monate

Eindrücken von Bad Breisig, in denen die Sinnhaftigkeit und die Effektivität von Workshops eindrucksvoll erlebt wurde, gab es kaum Schwierigkeiten, flächendeckend Zustimmung zu finden. Hilfreich war hier sicherlich auch der im Rahmen der Vernissagen vorgetragene Überblick über den Projektstand, in dem auch der unveränderte, positive Elan des JUMP-Teams und das deutliche »stand-by« der Mentoren aus der Geschäftsführung zum Ausdruck kam.

Dramaturgie der Workshops für Mitarbeiter mit externem Kundenkontakt

Am Beginn der Workshops stand die Kurzinformation über die angelaufenen Serviceprojekte, um den Prozess in der gesamten Bank zu verdeutlichen. Nach dem Überblick über den Ablauf des Workshops folgte die Erklärung des Moderators zu den Zielen des Workshops. Es sollten Verbesserungen in der Servicequalität jeder Abteilung mit externem Kundenkontakt entwickelt werden. Dabei ging es darum, dass jeder sich beteiligt und Ideen entwickelt, die sofort realisiert und schnell zu sichtbaren Erfolgen werden können. Im Einzelnen sollten drei Ziele zur Verbesserung der Kundenorientierung im Bereich der eigenen Abteilung definiert werden. Diese gesetzten Gruppenziele wurden veröffentlicht, um als Benchmark für andere zu dienen und die Umsetzung (auch im Rahmen des Monitoring) nachvollziehen zu können.

Die Aufwärmfrage lautete: »Welche positiven und negativen Erlebnisse haben Sie selbst bzgl. Service gehabt?« Hierbei gaben die Moderatoren Hinweise auf mögliche Erlebnisfelder, z. B. Kaufhäuser, Restaurants, Arztpraxen. Auf einer vorbereiteten Metaplantafel wurden die positiven und negativen Erlebnisse in Spalten aufgeführt. Man wollte möglichst von jedem Teilnehmer Beispiele sammeln und nach Beendigung der Sammlung für jeden Fall nachfragen, was zufrieden oder unzufrieden gemacht hat (z. B. nicht der Fehler an sich, sondern die Reaktion/die Abweisung/ das Nichtkümmern der Menschen).

Zum Einstieg in die konkreten Fragen der Kundenorientierung bei der Bank wurden Thesen formuliert, die aus der Kundenbefragung als Highlights und Schattenseiten des Service bei der Bank abgeleitet waren. Dabei lasen die Moderatoren ausgewählte Zitate aus der Kundenbefragung vor.

Danach wurde eine Kartenabfrage »Wo sehen Sie Ansatzpunkte zur Verbesserung der Kundenorientierung in Ihrem Bereich?« durchgeführt. Dabei hatte jeder Teilnehmer die Möglichkeit, für ihn wichtige Ideen zu nennen, auch zurückhaltende Teilnehmer konnten zur Meinungsäuße-

5. Gesagt – Getan! Die Ideen des Kick-off werden realisiert

rung motiviert werden. Nach der Zusammenfassung der abgegebenen Karten, der Bildung von »Clustern«, wurde gemeinsam eine Überschrift für jede Kartengruppe gesucht und gefunden. Um anschließend die in den Augen der Teilnehmer wichtigsten Ansatzpunkte zur Serviceverbesserung herauszufiltern, wurde mit Hilfe von Klebepunkten die Priorisierung durchgeführt.

Nun folgte die Überleitung zur Formulierung konkreter Maßnahmen: »Welche konkreten Projekte / Maßnahmen lassen sich zur Serviceverbesserung in Ihrem Bereich ableiten?« In einer offenen Diskussion wurden hier die Meinungen geäußert und vom Moderator visualisiert. Die Moderatoren gaben dabei Hilfestellung zur Formulierung von Serviceverbesserungszielen, die aus der Kartenabfrage und der Priorisierung deutlich wurden. Die Ziele sollten realistisch und ab morgen umsetzbar sein sowie von jedem Workshop-Teilnehmer mitgetragen werden. Um dies zu unterstreichen, wurde jeder Teilnehmer aufgefordert, sich durch seine Unterschrift auf der Tafel zu den Zielen zu bekennen.

Zum Abschluss des Workshops stellten die Moderatoren den Teilnehmern die Frage, wie die Gruppe sicherstellen will, dass die Maßnahmen umgesetzt werden. Dabei wurde das Angebot unterbreitet, dass die Moderatoren als Paten zur Verfügung stehen und JUMP innerhalb von 3 Monaten einen Folgeworkshop anbieten wird, um Erfolge und Misserfolge zu reflektieren und zu besprechen. Außerdem wurden die Teilnehmer gefragt, wie sie die Arbeit im Workshop empfunden haben. Auf einer vorbereiteten Metaplantafel wurde ein Koordinatenkreuz angebracht, das auf einer Achse die Art, wie die Gruppe zusammengearbeitet hat, und auf der anderen Achse die Qualität des Ergebnisses abbildete.

B Umsetzung in die Praxis: Ein Fallbericht über 18 Monate

Dramaturgie des 1. Workshops zur Intensivierung des Kundenkontaktes

1. **Begrüßung der Workshop-Teilnehmer durch die Moderatoren bzw. Abteilungsleiter**
   Kurzinformation über die angelaufenen Serviceprojekte
   Ziel: Verdeutlichung des Prozesses in der gesamten Bank

2. **Information der Teilnehmer über den Ablauf**
   Erklärung des Moderators: Workshop dient der Erarbeitung von Verbesserungen in unserer Servicequalität
   Es sollen 3 Ziele zur Verbesserung der Kundenorientierung in Ihrem Bereich definiert werden:

   Diese Ziele sollen sofort umsetzbar sein
   Die gesetzten Gruppenziele werden veröffentlicht um
   1. als Benchmark für andere zu dienen
   2. die Umsetzung überwachen zu können
      Medium: Folie / Overheadprojektor

3. **Aufwärmfrage**
   Welche positiven und negativen Erlebnisse haben Sie selbst bzgl. Service gehabt?
   Medium: Metaplantafel / Visualisierung von Zurufen

4. **Inputphase**
   Thesen aus der Kundenbefragung: Highlights und Schattenseiten
   Medium: Folien / Overheadprojektor

5. **Kartenabfrage**
   Wo sehen Sie Ansatzpunkte zur Verbesserung der Kundenorientierung in Ihrem Bereich?
   Ziel: Diskussion / Clustern der Ideensammlung / Priorisierung

6. **Formulierung konkreter Maßnahmen**
   Welche konkreten Projekte / Maßnahmen lassen sich zur Serviceverbesserung in Ihrem Bereich ableiten?
   Medium: Offene Diskussion / Metaplantafel

7. **Wie geht es weiter?**
   Wie wird die Gruppe sicherstellen, dass die Maßnahmen umgesetzt werden?
   Medium: Freie Moderation

8. **Feedback**
   »Wie haben Sie die Arbeit im Workshop empfunden?«
   Medium: Einpunktabfrage / Metaplantafel

5. Gesagt – Getan! Die Ideen des Kick-off werden realisiert

Durchführung der Workshops zur Intensivierung des Kundenkontaktes

Die Projektgruppe zur Intensivierung des Kundenkontaktes hatte innerhalb eines Tages die Dramaturgie erstellt, die sowohl für die Teilnehmer interessant und kurzweilig sein sollte als auch den Moderatoren (in der Mehrzahl Jumper) die Möglichkeit bot, alle erlernten Methoden zu praktizieren und zu trainieren. Alle fieberten dem »Pilot«-Workshop entgegen, der in einer Abteilung zur Überprüfung der Dramaturgie stattfand. Die Hoffnung war, dass das theoretische Gerüst den Erwartungen standhielt.

Die überwältigende Mehrheit der Mitarbeiter war sehr daran interessiert, an den Workshops teilzunehmen. Mit Ausnahme von ganz wenigen Skeptikern und auch hin und wieder einem Totalverweigerer war die Stimmung von freudiger, neugieriger Erwartung geprägt. Noch nie zuvor war den Mitarbeitern ähnliches angeboten worden, noch nie zuvor sind sie in dieser Weise angesprochen worden. Zudem war in der Bank lange recht nebulös von JUMP berichtet worden, so dass viele nun endlich wissen wollten »was die denn machen«.

So kamen die Workshops über die einleitenden Worte und die Folienpräsentationen schnell in den ersten Diskussionsabschnitt, in dem die Teilnehmer ihre privaten Erlebnisse in Bezug auf Service schilderten. Hier wurde meistens schon rege miteinander gesprochen, die Moderatoren hatten alle Hände voll zu tun, die Beispiele auf die Tafel zu bringen. Das Spektrum ging von ärgerlichen Telefonwarteschleifen über den netten Mann beim Getränkemarkt, der die schweren Kästen sogar ins Auto stellt, bis zur Arztpraxis, in der man trotz Terminabsprache kommentarlos eine Stunde warten muss. Dass bei der Schilderung von manchen Erlebnissen der Spaß nicht zu kurz kam, kann sich vorstellen, wer täglich mit der »Servicewüste Deutschland« konfrontiert ist. So kam in den Gruppen eine stattliche Sammlung von Negativ- und Positivbeispielen zustande, die dann unter der Leitung der Moderatoren auf ihre Ursache hin untersucht wurden. Bei näherem Hinsehen wurde klar, dass Service immer und unmittelbar von der menschlichen Komponente bestimmt wird, andererseits aber die Leistung bzw. das Versagen Einzelner auf das gesamte Unternehmen projiziert wird.

Nach dieser kurzweiligen Sequenz hatten sich die Teilnehmer eine Pause verdient, die in vielen Fällen zur weiteren Vertiefung des Themas genutzt wurde.

Die Überleitung in die nächste Phase war unproblematisch, da hier Ergebnisse der Kundenbefragung veröffentlicht wurden, auf die viele Mitarbeiter sehr gespannt waren. Einige Teilnehmer hatten aufgrund früherer schlechter Erfahrung die Durchführung der Kundenbefragung äußerst kritisch verfolgt. Von JUMP als Feststellung des »Status quo« aus Kundensicht als erforderlich angesehen und nach anfänglichen Widerständen auch durchgeführt, befürchteten einige Mitarbeiter, dass eventuell personelle Konsequenzen hieraus gezogen würden. Da die Kundenbefragung von JUMP als Arbeitsgrundlage für die Serviceverbesserung in Richtung Kunde genutzt wurde, waren bis zu diesem Zeitpunkt nur einige Eckdaten publiziert worden, die keine Rückschlüsse auf Niederlassungen oder Bereiche zuließen. Nachdem nun negative Einflüsse aus der Kundenbefragung für den Einzelnen ausgeblieben waren, überwog das Interesse an Inhalten und Ergebnissen der Befragung. Die präsentierten Highlights wurden mit beifälligem Nicken zur Kenntnis genommen, während die Schattenseiten kritisch aufgenommen wurden und kurze Diskussionen auslösten.

Gedanklich war also der Einstieg in das Thema Service allgemein und speziell in Hinblick auf die Bank gelungen, so dass nun die Kartenabfrage »Wo sehen Sie Ansatzpunkte zur Verbesserung der Kundenorientierung in Ihrem Bereich?« begann. Die Moderatoren stellten fest, dass der Zeitrahmen mit einer Stunde recht eng gefasst war. Eine alle Erwartungen übertreffende Flut von Ideen, Hinweisen, Anregungen und Störfaktoren war auf die Metaplantafel zu bringen. Nahezu jedem Teilnehmer fielen mehrere Punkte ein, die die Abläufe im Sinne einer Serviceverbesserung an seinem eigenen Arbeitsplatz positiv beeinflussen könnten. Viele nutzten intensiv die Möglichkeit, einmal Szenarien zu entwickeln, wie der Idealzustand aussähe. So viel konstruktives Engagement, so viel Freude, sich endlich einmal äußern zu können über das eigene Arbeitsgebiet, in dem sich niemand so gut auskennt wie der Teilnehmer selbst, das war sehr beeindruckend.

Der schwierigste Teil des Workshops war nun, aus der Ideensammlung der Kartenabfrage mindestens drei konkrete Ziele für die Gruppe zu formulieren, die die vom Moderator vorgegebenen Bedingungen erfüllten: Die Ziele sollten realistisch sein, ab morgen umsetzbar und von jedem Workshop-Teilnehmer mitgetragen werden.

Die Gruppen reagierten an dieser Stelle sehr unterschiedlich. Teils wurden viele Ziele genannt, es fand sich aber immer ein Teilnehmer, der meinte »das machen wir doch schon«. Diese unkritische Haltung führte in einigen Fällen dazu, dass die möglichen realistischen Ziele verworfen wurden und dafür Ziele definiert wurden, deren Umsetzung sich als sehr schwierig herausstellte. Zwei sehr engagierte Gruppen waren unzufrieden, nur wenige Ziele formulieren zu können, weil sich die Teilnehmer keineswegs sicher waren, »das Wichtigste« herausgepickt zu haben. Hier wurden die Moderatoren gebeten, Kopien der Kartenabfrage zur Verfügung zu stellen, weil die Teilnehmer jeden einzelnen Gedanken (jede Karte) als wichtig erachteten und in Eigenregie die Verbesserung in ihrem Bereich anhand dieser Grundlage weiterverfolgen wollten.

Teilweise erwies sich der Hinweis darauf, dass die Ziele veröffentlicht werden sollten, als hinderlich. Umsetzbare Ansätze wurden verworfen, weil die Gruppe nicht mit dem vermeintlich selbstverständlichen, im Alltag jedoch nicht praktizierten Ziel in der »Öffentlichkeit« in Verbindung gebracht werden wollte. Insgesamt kam eine beachtliche Liste von Zielen zusammen. Beispiele für Ziele lauteten:

- Wir wollen unsere Zielkunden regelmäßig pro Monat/pro Quartal (fallweise) ansprechen und dafür sorgen, dass jeder Zielkunde auch den jeweils zuständigen Sachbearbeiter (Kredit/Ausland) kennenlernt.
- Vor Kundenansprache Rücksprache mit den mit dem Kunden beschäftigen Kollegen/Abteilungen.
- Einrichtung von fixen Gruppenmeetings.
- Eine reibungslose Belegung der Besucherzimmer gewährleisten, damit alle Kundengespräche in gewohnt diskreter Atmosphäre stattfinden können.
- Aktives Cross-Selling betreiben, d. h. Kundenwunsch abfragen, ob Information über andere Produkte (z. B. Versicherung, Leasing, Immobilien, sonstige Anlageformen) gewünscht wird.
- Systematische, PC-gestützte Kundenkontaktplanung.
- Morgenrunde, bei der jeder kurz (wenn nötig) der Gruppe etwas mitteilen kann/Abfragerunde.

Als Einverständnis mit den formulierten Zielen und gleichzeitig auch Verpflichtung, an der Umsetzung der Ziele mitzuwirken, forderten die Moderatoren die Teilnehmer auf, ihre Unterschrift unter die visualisierten Ziele zu setzen. Dem wurde gern nachgekommen.

Schließlich erhielten die Workshop-Teilnehmer noch einen Klebepunkt ausgehändigt mit der Bitte, diesen auf dem »Feedback-Papier« zu positionieren. Überwiegend votierten die Teilnehmer für die Art der Zusammenarbeit und der Qualität der Ergebnisse mit zufrieden oder besser. Nicht so gute Ergebnisse wurden nur dort erzielt, wo die Zusammensetzung der Gruppen eine gemeinsame Zielsetzung erschwerte (z. B. Mitarbeiter Firmenkundenbereich und Sicherheitenverwaltung), hier bestanden teilweise Zweifel, ob die formulierten Ziele qualitativ optimal für beide Bereiche passten. Dies sollte als wichtiger Hinweis für die weiteren geplanten Workshop-Aktivitäten beachtet werden.

So waren nach Ablauf von ca. 3 Stunden, die wie im Fluge vergangen waren, die Teilnehmer geschafft aber fröhlich aus den Workshops gekommen. Mit vielen neuen Denkansätzen versorgt, mit neuen Eindrücken über

B Umsetzung in die Praxis: Ein Fallbericht über 18 Monate

Kollegen, die sie ganz anders kannten – nämlich nur am Arbeitsplatz –, mit manch neuer Erkenntnis und dem Verständnis, dass sie selbst etwas verändern können und auch sollten, dass ihre Meinung wichtig war und dass es Spaß macht, Veränderungen mit anzustoßen.

Für die Moderatoren bedeuteten die Workshops, Erlerntes umzusetzen und die Chance, eine gewisse Routine zu entwickeln, die half, gelassen und souverän durch die Veranstaltung zu führen, selbst wenn die Wogen der Diskussionen hoch gingen oder auch wenn einzelne Teilnehmer zu keiner Meinungsäußerung zu bewegen waren. Nach vielen Veranstaltungen gaben die Kollegen den Moderatoren ein anerkennendes Feedback, so dass neben dem Erlebnis, die geleistete Vorarbeit mit Leben erfüllt zu sehen, auch die persönliche Zufriedenheit und der Spaß nicht zu kurz kamen.

Auswirkungen und Ausblick der Workshops zur Intensivierung des Kundenkontaktes

Viele Gruppenziele sind mittlerweile umgesetzt. Vor allem jene, die wirklich ab sofort umzusetzen waren. Gruppen, in denen eine hohe Verantwortlichkeit eines jeden vorherrscht, haben bereits alle die gesteckten Ziele erreicht und suchen bereits nach neuen Herausforderungen. Der Erfolg ist hier für jeden nachvollziehbar und spürbar eingetreten. Das macht Spaß und spornt an. In Gruppen jedoch, in denen sich keiner persönlich für die Erreichung der Ziele verantwortlich gefühlt hat, hat sich relativ wenig getan. Allgemein ist allerdings der Servicegedanke sehr viel näher in das Bewusstsein der Mitarbeiter gerückt, sowohl im Umgang mit Kunden und seinen Aufträgen als auch mit Kollegen.

Das Selbstverständnis als Dienst-Leister zu schärfen, bleibt eine wichtige Aufgabe für die Zukunft, zu der auch die Folgeworkshops beitragen sollen, die meist in Form von kleinen »Events« stattfinden. In lockerem Rahmen wurde die Erreichung der Ziele diskutiert. Im Erfolgsfalle wurde eine Zusammenstellung der »Goodies«, der Erfolgsgeheimnisse, publiziert. In Gruppen, die noch nicht zum Ziel gekommen waren, wurden mit Hilfe der Moderatoren Mittel und Wege erarbeitet (z. B. durch Schaffung von Verantwortlichkeiten und Zeitrahmen), die gewährleisten, dass auch hier die Mitarbeiter zu Erfolgserlebnissen kommen und sich die Umsetzung des Servicegedankens verselbstständigt.

Intensivierung des internen Services

Die Projektgruppe, die sich mit der Intensivierung des internen Service beschäftigte, legte als Ziele der Projektarbeit fest, dass eine Auseinandersetzung mit dem Thema Service in den Abteilungen mit internem Schwerpunkt erreicht wird und ein Anstoß zur Verbesserung der persönlichen Servicehaltung gegeben wird.

5. Gesagt – Getan! Die Ideen des Kick-off werden realisiert

Für den Verlauf des Projektes wurde das folgende Grundkonzept erarbeitet: Nach der Gewinnung der Abteilungsleiter für das Vorhaben sollten Workshops in allen Abteilungen, die internen Service leisten, durchgeführt werden, um ein Selbstbild über Stärken und Schwächen der Serviceleistung zu erstellen. Anschließend sollte dieses Selbstbild mit einem Fremdbild verglichen werden, das durch die Befragung der Empfänger der internen Serviceleistungen ermittelt werden sollte.

Das erste Problem, das es zu lösen gab, stellte sich bei der Frage, welche Abteilungen denn eigentlich internen Service leisten. Bei manchen Abteilungen war die Entscheidung in der Projektgruppe schnell zu treffen, in anderen Fällen entstand jedoch eine rege Diskussion, ob der Schwerpunkt der Tätigkeit in der unmittelbaren Serviceleistung gegenüber dem Kunden besteht oder eher in der internen Servicetätigkeit für andere Bereiche und Abteilungen der Bank. Dies wurde in Zweifelsfällen mit den Abteilungen abgestimmt. Entscheidend war dabei, wie die Abteilungen selbst den Schwerpunkt ihrer Tätigkeit definierten.

Dramaturgie des 1. Workshops zur Intensivierung des internen Service

1. **Stimmungsabfrage**
   »Was erwarte ich mir vom Workshop?« bzw. »Wie fühle ich mich?«

2. **Informationsteil**
   Vorstellung des Ablaufs und des Zieles des Workshops, Ablauf am Flipchart, Vereinbarung von Spielregeln

3. **Aufwärmphase**
   Jeder Teilnehmer schildert ein besonders negatives bzw. positives Erlebnis zum Thema Service; Methode: Persönliche Abfrage, Notiz auf Metaplan-Tafel

4. **Erarbeitung des Eigenbildes der Abteilung – Selbstanalyse**

   4.1. Zurufabfrage
   »Welches sind derzeit die Empfänger unserer Leistungen?«
   Nennung aller Kunden, Mitschrift auf Flipchart, Priorisierung ab fünf Kunden (mit Klebepunkten, ca. drei Stück pro Teilnehmer)

   4.2. Kartenabfrage
   »Nennen Sie die Dienstleistungen der Abteilung«
   Nennung der gesamten Serviceleistungen mit anschließender Priorisierung durch Klebepunkte, ca. vier bis fünf Dienstleistungen

   4.3. Erstellung des Qualitätskompasses
   Austeilen des Blanko-Qualitätskompasses
   Eintragen der Serviceleistungen in den Qualitätskompass
   Anschließende stille Beurteilung des Services, der Leistungen

> 5. **Vorbereitung der Kundenbefragung**
>   - Hilfsmittel: Der mit den Leistungen der Abteilung versehene Qualitätskompass
>   - Benennung eines »Fragebogenbeauftragten«, der Auskunft bei Rückfragen geben kann und den Versand der Bögen in die Hand nimmt.
>   - Welche Personen werden befragt? Direkte Nennung der Mitarbeiter aus den Abteilungen, die unter 4.1. genannt wurden, Mitschrift auf Metaplan-Tafel
>   - Wichtig: Mindestens zwei Personen pro Abteilung, um Anonymität zu gewährleisten
>   - Nach dem Workshop bereitet der Moderator die Fragebögen vor und händigt sie dem Fragebogenbeauftragten aus.
> 6. **Weiteres Vorgehen und Feedback**
>   mündliche Erläuterung

Die Workshops zur Intensivierung des internen Service

»Da haben Sie sich wohl geirrt – wir leisten keinen internen Service – wir bearbeiten Zahlungsaufträge unserer Kunden – Intensivierung des internen Service ist nichts für uns !«

Diese Aussage am Beginn eines Workshops führte zu der Frage: »Wer ist ein interner Kunde?«

Jeder Privat- oder Firmenkundenbetreuer, der einem Kunden der Bank ein Bankprodukt verkauft, bedient sich dabei auch der Leistungen anderer Abteilungen, zum Beispiel des Inlandszahlungsverkehrs. Wenn der Kunde Fragen zu diesen Leistungen hat, wird er sich weiterhin an seinen Berater wenden, der zur Erbringung der Leistung auf Serviceabteilungen innerhalb der Bank angewiesen ist. Er ist demnach der Serviceempfänger bzw. der »interne Kunde«.

Jeder Mitarbeiter leistet internen Service für Kollegen und hat damit auch interne Kunden. Dieses Bewusstsein zu wecken, war wesentlicher Inhalt der Workshops in den Abteilungen mit dem Schwerpunkt »interner Service«. Gelegentliche Rückschläge gehörten dann natürlich auch dazu. Einzelne Teilnehmer verlagerten den Schwerpunkt ihrer Überlegungen auf die Frage, wie die Serviceempfänger von der allzu häufigen Inanspruchnahme von Serviceleistungen abzuhalten seien. Die Wünsche der Kunden zu erfragen und auf dieser Basis ein für beide Seiten nutzbares »Serviceprogramm« zu erarbeiten, ist natürlich besser, als der Versuch, die Wünsche der internen Kunden zu reduzieren.

In der Durchführung der Workshops nahm die weitaus größte Zeit die nun folgende Erarbeitung des Eigenbildes ein. Zunächst wurden mittels einer Zurufabfrage diejenigen Abteilungen identifiziert, die Empfänger der internen Serviceleistungen der eigenen Abteilung sind. Im nächsten Schritt lautete die Aufgabe: »Nennen Sie die Dienstleistungen der Abteilung!« Damit alle Dienstleistungen, Produkte und Prozesse, die für das Gesamtbild der Abteilung von Bedeutung sein können, erfasst werden, wurde eine Kartenabfrage durchgeführt.

Nach dem Zusammenfassen zu »Clustern« folgte im Ablauf des Workshops die Benennung dieser Cluster und die Priorisierung. Solange der Fragebogen den Teilnehmern nicht vorlag, war die Notwendigkeit beider Maßnahmen den Teilnehmern nicht sehr einsichtig. Daher empfahl es sich, den Bogen frühzeitig auszuteilen. Somit hatte nicht nur der Moderator, sondern auch jeder Teilnehmer des Workshops das Ziel deutlich vor Augen. Nicht in jedem Fall konnten jedoch die Argumente ausgeräumt werden, dass alle erbrachten Leistungen wichtig seien und eine Priorisierung nicht möglich sei.

An dieser Stelle des Workshops kam der vom Projekt »Monitoring« entwickelte Qualitätskompass zum Einsatz. Der Qualitätskompass, der bei der Beschreibung des Monitoring-Projektes näher erläutert wird, besteht aus dem Bogen mit den vorgegebenen Service-Dimensionen (z. B. Zuverlässigkeit, Verständlichkeit, Erreichbarkeit) und war nun durch die fünf von den Teilnehmern bezeichneten wichtigsten Leistungen der Abteilung zu ergänzen. Sich selbst zu beurteilen, fällt häufig besonders schwer. Die Bitte, nach Eintragung der Serviceleistungen den Fragebogen mit den Noten, die dem Schema der Schulnoten entsprachen, für die Leistung der eigenen Abteilung auszufüllen, sorgte daher bei manchen Teilnehmern zunächst für Ratlosigkeit. Wichtig war es jedoch, im Workshop selbst darauf zu drängen, den Fragebogen auszufüllen. In einem Fall, in dem darauf verzichtet worden war, war es schwierig, im Nachhinein die Fragebögen noch zu erhalten.

Um das Fremdbild einzuholen, wurde mit Hilfe des gerade vervollständigten Qualitätskompasses eine Befragung der internen Kunden durchgeführt. Die Teilnehmer konnten anhand der Liste, die sie am Anfang erstellt hatten, ca. 20 konkrete Kollegen benennen, denen sie den Fragebogen zuschicken wollten. Wichtig war es, darauf zu achten, ob die auf dem Fragebogen eingetragenen Leistungen von den Empfängern ohne nachzufragen zu verstehen waren. Die Fragebögen wurden einem im Workshop festgelegten Mitarbeiter wenige Tage nach dem Workshop übermittelt, um sie an die Serviceempfänger zu versenden. Diesen war allerdings in manchen Fällen nicht klar, dass sie als Service-Empfänger der Abteilung angesehen wurden und in welchem Zusammenhang der Fragebogen entstanden war. Die Vorbereitung der Empfänger der Fragebögen hätte intensiver als nur in Vernissagen erfolgen sollen. So fragten viele Empfänger nach, wie die Bögen zu verstehen seien, insbesondere ob alle Rubriken ausgefüllt werden müssten. Die Rücklaufquoten waren sehr unterschiedlich (unter 20% bis über 90%). Ein Service-Empfänger, der den Bogen unausgefüllt zurücksandte, verband dies mit dem Hinweis, dass »das Chaos in der Bank immer mehr um sich greift«.

Wie bereits bei der Vorstellung der Projekte durch die begleitende Unternehmensberatung vorhergesagt, wurde die Organisation gestresst. Mehrere Fragebögen aus verschiedenen Abteilungen der Bank auf den ohnehin vollen Arbeitstisch, wichtige Mitarbeiter auf Projektgruppen-Treffen, bei der Durchführung von Workshops oder auf Kerngruppen-Treffen – auch wohlmeinenden Führungskräften wurde in dieser Phase viel abverlangt.

Wer einen Termin hat, der hat die höchste Hürde schon genommen

Nachdem die Vernissage gerade zwei Wochen vergangen war und die Gedanken wieder voll beim Alltagsgeschäft, kam der Gedanke hoch, dass die Termine für die Workshops in den Abteilungen vereinbart werden mussten. Eine Kollegin berichtete von den drängenden Fragen der Mitarbeiter dieser Abteilungen. Der geplante Workshop wurde hier als die seit langem erwartete Möglichkeit gesehen, einen Kommunikationsprozess innerhalb der Abteilung zu beginnen. Die konkrete Terminvereinbarung gestaltete sich trotzdem nicht ganz einfach. Um die Arbeitsfähigkeit der Abteilungen nicht zu beeinträchtigen, waren nur Termine nach Ende der üblichen Arbeitszeit möglich. Bei zu weit in den Abend reichenden Veranstaltungen sinkt jedoch die Aufmerksamkeit und die Bereitschaft mitzuarbeiten. Die Alternative, auf Wochenendtermine auszuweichen, wurde im JUMP-Projekt diskutiert. Es setzte sich jedoch die Meinung durch, dass damit nicht genug unterstrichen wird, welche Bedeutung die Bank der Durchführung der Workshops beimisst. Zeitlich war es für die meisten Teilnehmer wohl auch leichter einzurichten, abends länger als üblich im Büro zu bleiben. Nur in Einzelfällen entschieden sich Abteilungen, die Workshops am Wochenende durchzuführen. Bei Workshops, die unmittelbar am Arbeitsplatz der Teilnehmer stattfanden, zeigte sich, dass die Störungen durch Telefonate und Kollegen recht stark sein konnten. Es war auf jeden Fall besser, die Workshops in einem separaten Veranstaltungs- oder Pausenraum durchzuführen und damit die Konzentration auf das Thema der Workshops zu richten.

Um den gewünschten Kommunikationsprozess innerhalb der Abteilungen umfassend in Gang zu setzen, wurde versucht, Termine zu finden, an denen alle Mitarbeiter, insbesondere auch der jeweilige Abteilungsleiter bzw. die Abteilungsleiterin, teilnehmen konnten. Bei Urlauben, Mehrfachbelastungen und EDV-Umstellungen (der EURO stand kurz vor der Einführung) war dies ein schwieriges Unterfangen. So war eine Antwort auf den Wunsch einen Termin zu vereinbaren, schon Anfang November: »Dieses Jahr ist kein Tag mehr frei«. Wenn der Termin dann gefunden war und nicht mehr kurzfristig abgesagt wurde, war die höchste Hürde schon genommen.

Der zweite Workshop der Abteilungen mit internem Schwerpunkt

Im ersten Workshop war den Teilnehmern zugesagt worden, ihnen die Ergebnisse der Befragung der internen Kunden in einem zweiten Workshop zur Verfügung zu stellen und die Ziele für die individuellen Serviceverbesserungen festzulegen. Dass der Schwerpunkt des zweiten Workshops auf dem Vergleich von Eigen- und Fremdbild, wie es sich aus der Auswertung des Qualitätskompasses ergibt, liegen sollte, stand von Anfang an fest. Eine Diskussion entstand darüber, welche Auswertungsschritte genauer vorgestellt werden sollten. Man einigte sich darauf, zunächst das zusammengefasste Eigenbild für die festgelegten, wichtigsten 5 Produkte der Abteilung vorzustellen und anschließend das Fremdbild bekannt zu machen. Anschließend folgte eine Auswertung der Fragebögen bezogen auf die unterschiedlichen Servicekategorien, z. B. Zuverlässigkeit, Verständlichkeit, Erreichbarkeit etc. Die weiteren Auswertungen (jedes Produkt nach jeder Servicekategorie) wurde mittels Hand-out allen Teilnehmern zur Verfügung gestellt.

Wo war nun der erste Ansatz zur Serviceverbesserung zu sehen? Bei der größten Abweichung zwischen Eigen- und Fremdbild? Oder bei dem absolut schlechtesten Fremdbild? Was ist, wenn die relativ schlecht bewerteten Produkte überwiegend von einzelnen Mitarbeitern oder einer bestimmten Gruppe erbracht werden? Können die anderen Teilnehmer des Workshops sich dann zurücklehnen, denn sie »brauchen sich nicht zu verbessern«? Man entschloss sich dazu, die Meinung der Kunden als den wichtigsten Hinweis darauf zu betrachten, wo die Veränderungen ansetzen sollten. Entscheidend sollten die relativ schlechtesten Beurteilungen bei der Auswertung der Fremdbilder sein. Bei der Beschäftigung mit den Ergebnissen der Umfrage sollte jeder Teilnehmer mindestens ein Produkt identifizieren, für das er oder sie sich verantwortlich fühlt und für dieses Produkt feststellen, welche Servicedimensionen das Ergebnis bestimmt haben. Haben die Kunden z. B. das Produkt in Bezug auf die Reaktionszeit bei Anfragen schlecht beurteilt oder werden Defizite bei der Problemlösungskompetenz gesehen?

In einer ersten Runde stellte jeder Teilnehmer die ermittelten Produkte vor. In einer zweiten Runde wurden die Gründe dafür ermittelt, warum ein relativ schlechtes Fremdbild abgegeben wurde. Ein schlechtes Fremdbild kann dabei durchaus ein Ergebnis sein, bei dem die internen Kunden insgesamt das Produkt als »gut« eingestuft haben. Auch hier ist Verbesserungspotenzial zu erkennen, da die anderen Produkte besser beurteilt wurden.

Die abschließende Aufgabe war für die meisten Teilnehmer sicherlich die schwierigste: Für die identifizierten Produkte wurden Ziele zur Verbesserung der Servicequalität vereinbart. Wichtig war es hierbei, nicht nur die Ziele festzulegen, sondern auch konkrete Maßnahmen zur Umsetzung dieser Ziele. Die Erfolgskontrolle, d. h. in welchem Maße die Ziele erreicht wurden, sollte möglichst durch die Abteilung selbst erfolgen, da der Ansatz des Projektes war, eine selbstgesteuerte Verbesserung der Servicequalität anzuregen. Die Überwachung von außen sollte vermieden werden. Andererseits konnten Hilfestellungen bei der Messung der Zielerreichung gegeben werden. Hilfe bei der Durchführung einer weiteren Kundenbefragung, z. B. mit einem halben Jahr Abstand, lassen Ergebnisse erwarten, die den Teilnehmern Hinweise darauf geben, wie weit die Ziele erreicht wurden.

Miss es oder vergiss es – der JUMP-Monitoring-Prozess

Ähnlich dem TED bei TV-Sendungen versteht man unter modernem Monitoring ein flächendeckendes Feedback-System zur Standortbestimmung. Dabei geht es, im Gegensatz zu Sanktionsinstrumenten nicht um Druck, Kontrolle und Misstrauen, sondern im Gegenteil um Anerkennung, Transparenz, Begeisterung und Unterstützung.

Neben der aktuellen Standortbestimmung innerhalb eines Veränderungsprozesses steht zum einen das Sichtbarmachen von Erfolgen gegen Bedenken und Befürchtungen, zum anderen die Erinnerung an den notwendigen Schwung in Zeiten der Unlust und des Durchhängens im Vordergrund – denn »nichts ist so überzeugend wie der Erfolg«.

Entscheidend für den Erfolg von Monitoring sind die drei Dimensionen Schnelligkeit bzgl. der Verfügbarkeit der Auswertungsergebnisse, Verständlichkeit für die Adressaten und die Befragten sowie Zielgenauigkeit bzgl. der Intention der Messung.

Um diese Kriterien zu realisieren, bedient man sich des sogenannten »Monitor-Circuit«.

Dazu werden in einer ersten Phase die zentralen Servicedimensionen herauskristallisiert. Entscheidend dabei ist, dass diese Dimensionen teilweise

5. Gesagt – Getan! Die Ideen des Kick-off werden realisiert

»soft« (also durch Befragung von Befindungen und Einschätzungen) als auch »hard« (also durch quantitative Messung nachvollziehbarer Größen) gemessen werden können. Wo eine quantitative Messung möglich ist, sollte diese zur Unterstützung der »soft facts«-Aussagen herangezogen werden, wobei sich speziell dieser Punkt als äußerst schwierig darstellte.

Da sich im JUMP-Projekt zwei große Blöcke herausbildeten (die oben beschriebenen Projekte zur Verbesserung des externen Service (IdKK) sowie des internen Service (IdiS)) galt es, für beide Gruppen die notwendige Monitoring-Basis zu schaffen, um sowohl den Moderatoren der Workshops, aber vor allem den beteiligten Mitarbeitern den Nutzen des Monitoring aufzuzeigen, ohne diese in eine Abwehrhaltung zu bringen.

Am einfachsten ließ sich dies für die Intensivierung des internen Service (IdiS) realisieren, denn hier war durch das IdiS-Projektteam im Rahmen der Dramaturgie für die ersten Workshops und erstmalig überhaupt eine Beurteilung jeder einzelnen internen (Stabs- oder Abwicklungs-)Abteilung bzw. deren Produkte und Leistungen durch deren Serviceempfänger vorgesehen.

Hierzu wurden durch das Monitoring-Team Servicedimensionen beispielhaft vordefiniert, die dann mit den jeweiligen Produkten/Dienstleistungen der Abteilungen zu einer Matrix, dem sogenannten »Qualitäts-Kompass« (siehe Schaubild S. 120) verknüpft und als Fragebögen den Abteilungen zur Verfügung gestellt wurden.

Nach Beurteilung der Produkte und Dienstleistungen sowohl durch die zu beurteilende Abteilung selbst (Eigenbild), als auch durch die Serviceempfänger dieser Abteilung (Fremdbilder) und Rücklauf über die jeweilige Abteilung erfolgte durch das Monitoring-Team eine EXCEL-gestützte Analyse und grafische Aufbereitung der Daten. Diese Ergebnisse bildeten dann in den Folgeworkshops die Basis für konkrete Verbesserungsmaßnahmen, deren Auswirkungen dann wiederum nach einem Zeitraum von 4-6 Monaten »gemonitort« werden. Hierbei sollten nun auch verstärkt »hard facts« einbezogen werden.

Schwieriger gestaltete sich der Monitoring-Prozess beim Projekt Intensivierung des (externen) Kundenkontakts (IdKK). Da eine wiederholte Befragung der Kunden alle 4–6 Monate nicht möglich war, beschränkte sich hier der Monitoring-Prozess auf die Erfassung der in den ersten IdKK-Workshops vereinbarten Ziele und dem Nachfassen nach o. g. Zeitraum, inwieweit diese umgesetzt werden konnten.

B   Umsetzung in die Praxis: Eine Fallstudie über 18 Monate

JUMP-Workshop zur Intensivierung des internen Service

Wie beurteilen Sie die bankintern erbrachten Leistungen/Produkte unserer Abteilung?

(1 = sehr gut; 2 = gut; 3 = befriedigend; 4 = ausreichend; 5 = mangelhaft; 6 = schlecht)

(Bitte beachten: Falls Sie eine Leistung, bzw. einen Aspekt nicht beurteilen können, lassen Sie dieses Feld leer)

Bankintern erbrachte Leistungen/Produkte	Zuverlässigkeit	Verständlichkeit	Erreichbarkeit	Reaktionszeit	Bearbeitung von Änderungswünschen	Informationsverhalten	Eigeninitiative
Produkt/Dienstleistung 1							
Produkt/Dienstleistung 2							
Produkt/Dienstleistung 3							
Produkt/Dienstleistung 4							
Produkt/Dienstleistung 5							
Produkt/Dienstleistung 6							

Anzahl Bögen: xx

Schaubild: »Qualitäts-Kompass« (exemplarisch)

Einen weiteren wichtigen Bestandteil des IdKK-Monitorings wird die zweite Kundenbefragung darstellen, welche zum Ende des gesamten JUMP-Prozesses vorgesehen ist und im Vergleich zur ersten Kundenbefragung Anhaltspunkte über die Entwicklung der Kundenzufriedenheit geben wird.

Langfristiges Ziel des Monitoring muss es sein, diese Methodik als Selbstverständlichkeit in der Gesamtbank zu implementieren und über den ständigen Verbesserungsprozess somit zum Idealbild einer lernenden Organisation zu gelangen!

Wie geht es weiter?

Auch wenn das JUMP-Projekt zeitlich befristet war, die Beschäftigung mit der Serviceverbesserung in allen Bereichen des Unternehmens darf es nicht sein. Von besonderer Bedeutung für den langfristigen Erfolg des Projektes ist daher die Frage, wie das Serviceprojekt am Leben erhalten werden kann. Besondere Verantwortung hierfür liegt bei den Bereichs- und Abteilungsleitern, die regelmäßig die Servicequalität der Abteilungen, für die sie Verantwortung tragen, gemeinsam mit den Mitarbeitern thematisieren sollen. Dabei müssen die im JUMP-Prozess festgelegten Ziele im Rahmen von Workshops in eigener Regie der Abteilungen regelmäßig überprüft und überarbeitet werden. Bei Bedarf stehen die bisherigen Moderatoren für diese Workshops weiterhin zur Verfügung.

6 Nie wieder die Frage: Kunde – was ist das?

In der ersten Projektphase wurde im Rahmen der durchgeführten Kundenbefragung eine große Menge Daten gesammelt, die nun im Lauf der weiteren Projektarbeit genutzt werden sollten. Hierbei stellte sich insbesondere die Frage nach einer sinnvollen Auswertung der freien Antworten des Kunden auf die Fragen nach positiven und negativen Erlebnissen mit der Bank. Von nahezu allen Kunden, die den Fragebogen zurückschickten, hatten wir Äußerungen über Erfahrungen mit der Bank erhalten. Bei diesen Überlegungen wurde plötzlich bewusst, dass hier ein enormes Potenzial an Kundenwissen nur gestreift worden war, das für die weitere Entwicklung des Projektes und des Service-Verhaltens insgesamt genutzt werden musste.

Informationen des Kunden sind nicht durch passives Abwarten zu erhalten. Es bedarf eines anderen Instruments als dem, was gemeinhin unter Beschwerdestelle oder Kummerkasten bekannt ist. Es sollte innovativ und wegweisend sein, es sollte ermöglichen, dem Kunden aktiv zu begegnen und mit Hilfe moderner Technik diese Kundeninformationen für die Bank auszuwerten. Kurz gesagt, es musste ein neues EDV-System her, denn mit den vorhandenen Werkzeugen waren derartige, unstrukturierte Informationen nicht auswertbar.

Auf der Kick-Off-Veranstaltung in Bad Breisig wurde der Eindruck bestätigt. Viele Teilnehmer führten ähnliche Punkte wie »Beschwerdemanagement« als wichtige Bestandteile des Kundenservice an. Es war also schon klar, dass Beschwerdemanagement ein zentraler Punkt der weiteren Projektarbeit werden musste.

Damit wurde das Teilprojekt »Kundenbeschwerde- und -Impulsmanagement« geboren. Dieser Name hat sich jedoch nicht lange gehalten. Bereits in der Gründungsphase mehrten sich die Stimmen, dass der Begriff Beschwerde negativ besetzt sei. Auch sollten schließlich die positiven Anregungen der Kunden verarbeitet werden und als letztes Argument fanden die Teilnehmer den Namen schlicht zu lang. Nach kurzer Diskussion wurde die Beschwerde einfach gestrichen und das Projekt firmierte ab sofort unter der Bezeichnung »Kundenimpulsmanagement«, kurz KIM genannt.

6. Nie wieder die Frage: Kunde – was ist das?

6.1 Gemeinsam sind wir stark

Schon in Bad Breisig waren erste Kontakte mit dem Koordinator des Kundenservice bei der Bank geknüpft worden. Dieser hatte bereits seit längerer Zeit Überlegungen zu diesem Thema angestellt, entsprechende Systeme angesehen und Kontakte mit einigen Softwareanbietern aufgenommen. Aus Sicht des JUMP-Projektes war es dringend erforderlich, den Koordinator Service im Boot zu haben, der bankweit die Verantwortung für die Organisation des Kundenservice trägt und der bereits einige administrative Vorarbeiten geleistet hatte. Für den Koordinator wiederum bot sich mit den Aktivitäten des JUMP-Projektes die Gelegenheit, die bereits bestehenden Planungen mit Hilfe der Manpower des JUMP-Projektes und dessen Unterstützung durch die Geschäftsleitung der Bank voranzutreiben.

Da das Ganze bis hierher recht einfach war, folgten auch gleich die ersten Probleme. Eine Projektgruppe wurde gesucht. Sie sollte klein sein, aber gleichzeitig alle Niederlassungen und Kundenbereiche vertreten. Erfreulicherweise konnten auch weitere Kollegen gewonnen werden, die nicht im JUMP-Projekt mitarbeiteten, so dass schließlich 6 Kollegen aus 4 Niederlassungen vertreten waren. Leider waren mittlerweile 6 Wochen seit Bad Breisig vergangen und der dort aufgebaute Schwung bereits etwas verflogen, als das erste Informationsmemo der Projektleitung über den erfolgreichen Zusammenschluss der Projektgruppe berichtete.

In diesem Memo wurde die gesamte Projektgruppe auch gleich über die Ziele von KIM unterrichtet und ein grober Überblick über die voraussichtlich zu leistenden Tätigkeiten der Projektgruppe gegeben.

Ziele der Projektgruppe sollten sein,

1. ein PC-gestütztes Kundenimpulsmanagementsystem einzuführen und
2. die Kollegen im Umgang mit diesem System, in der Ansprache der Kunden und der Bearbeitung der Kundenimpulse zu informieren und im erforderlichen Umfang zu schulen.

Als zu leistende Tätigkeiten wurden aufgeführt:

1. Finden eines externen Softwarepartners (ein Name wurde bereits genannt, ein Gespräch mit diesem hatte bereits stattgefunden, das nächste war terminiert, ein Angebot lag vor)
2. Erarbeitung der Anforderungen an die Software
3. Erarbeitung eines Konzeptes zur Information und Schulung der Mitarbeiter

B   Umsetzung in die Praxis: Ein Fallbericht über 18 Monate

4. Vorbereitung der Mitarbeiter auf die Einführung des Systems
5. Abstimmung des Konzeptes (insbesondere Kosten) mit der Geschäftsleitung

Diese Vorgaben wurden abgeleitet aus dem vorgelegten Grobkonzept des Softwareanbieters. Überlegungen zur Erarbeitung von spezifischen Anforderungen an ein solches System waren nicht vorgesehen.

6.2 Fehler machen ist nicht schwer

Über diese Pläne und vor allem diese Vorgehensweise waren nicht nur die KIM-Teilnehmer, sondern auch die Mitglieder der amtierenden Kerngruppe wenig erfreut. Es hagelte Kritik vor allem aufgrund der einseitigen Ausrichtung auf die EDV-Lösung. Das gesamte Konzept war auf das vorliegende Angebot einer Softwarefirma ausgerichtet, und dieses ließ der Projektgruppe kaum Freiheitsgrade, die individuellen Organisationsformen und Arbeitsweisen der einzelnen Abteilungen und Niederlassungen zu berücksichtigen.

Daneben fehlte der Ansatz für die Erarbeitung einer Strategie, um die Mitarbeiter zur Benutzung des Systems anzuhalten und ihnen überhaupt den Nutzen des gesamten Systems nahezubringen.

Trotz dieser offensichtlichen Mängel und der Unzufriedenheit der Projektteilnehmer wurde die Umsetzung der vorgelegten Konzeption des Projektes in Angriff genommen. Ein erneutes Treffen mit der Softwarefirma wurde von der Projektleitung wahrgenommen und darauf basierend eine Projektplanung seitens des Softwareanbieters vorgelegt. Diese war dann Grundlage für das erste Arbeitstreffen der Projektgruppe in Hamburg.

Bei diesem Treffen herrschte Einigkeit über die Notwendigkeit, die Strukturen für eine EDV-Lösung festzulegen, da die Produktion und Implementierung eine erhebliche Zeit in Anspruch nehmen würde. Aufgrund der weitgehenden Vorarbeiten konzentrierten wir uns bereits auf Details wie einzelne Problemkategorien, wer wird verantwortlich für die Bearbeitung des Kundenimpulses, wie lang darf die Bearbeitung dauern, wie können Standardtexte für Kundenanschreiben aussehen, welche Daten können und müssen aus anderen Systemen importiert werden und dergleichen. Aufgrund der guten Fortschritte in der Festlegung der Systemstruktur schlug die Stimmung von der anfänglichen Skepsis fast in Euphorie um. Fast, denn es kam zu einer langwierigen kontroversen Auseinandersetzung über die Frage der Darstellung der Problemkategorien, die dann Basis für die systematische Bearbeitung der Kundenimpulse sein sollten.

6. Nie wieder die Frage: Kunde – was ist das?

Es wurde beschlossen, als Problemkategorien die einzelnen Produkte aller Abteilungen der Bank heranzuziehen und mögliche Fehler anhand der Produkte zu definieren. Hier kam der Konflikt bei der Frage, ob alle denkbaren Fehler detailliert oder nur wenige allgemeine Probleme vorgegeben werden. Im letzten Fall wären hohe Anforderungen an die Lernfähigkeit des Systems zu stellen. Die Kollegen, die bereits bei den Gesprächen mit dem Softwareanbieter teilgenommen hatten, waren für eine sehr detaillierte Darstellung der einzelnen Bearbeitungsschritte der Produkte der Bank, am besten mit Hilfe von Bäumen oder Flussdiagrammen. Das andere Lager plädierte für eine flexible Matrixdarstellung, in der die Zeilen durch die einzelnen Produkte und die Spalten durch die möglichen Fehler in allgemeiner Form bezeichnet wurden.

Da es hier um eine Glaubensfrage ging, wurde das Problem an diesem Tag nicht gelöst, sondern vertagt. Bis zum nächsten Meeting sollten erstmals alle Produkte der jeweiligen Bereiche aufgelistet, und dann sollte erneut über die Frage der Darstellung diskutiert werden. Doch dann kam das Sommerloch, es vergingen mehr als zwei Monate ohne ein weiteres Projektmeeting. In dieser Phase fehlte eine konsequente und zielgerichtete Motivierung durch die Projektleitung.

6.3 Nobody is perfect

Mit der nächsten Kerngruppe kam ein neuer Projektleiter (aus der Projektgruppe), aber damit kein neuer Schwung, sondern ein neues Problem: Sollte erst ein EDV-System geschaffen werden oder erst die Mitarbeiter für die Probleme und Chancen der Kundenimpulse sensibilisiert werden? Diese Frage wurde wie die nach dem Huhn und dem Ei diskutiert.

Aus der JUMP-Kerngruppe wurde Druck ausgeübt, die EDV-Lösung nicht so zu forcieren, da Kosten hierfür sowieso noch nicht budgetiert waren. Hier wurde der Projektleiter gefordert, das Schwergewicht der Projektarbeit auf die Einbindung der Mitarbeiter in das Thema zu legen. Denn im Rahmen von JUMP sollte der Schwerpunkt auf einer Änderung des Bewusstseins und der Einstellung der Mitarbeiter zum Thema Service liegen. Zu diesem Punkt kam es dann zur Auseinandersetzung zwischen Projektleiter und Koordinator. Denn im Gegensatz zum Projektleiter war der Koordinator der Ansicht, dass man die Mitarbeiter doch noch nicht belästigen solle, wenn man keine fertige EDV-Lösung in der Tasche habe. Dieser Disput ging an der Projektgruppe vollständig vorbei, die Projektgruppenmitglieder wussten nur vom Hörensagen über die Angelegenheit, und wurden bei dem nun anstehenden Projektmeeting von dem Tagesordnungspunkt »Markteinführung« überrascht.

B Umsetzung in die Praxis: Ein Fallbericht über 18 Monate

Gleichwohl wurde auch in diesem zweiten Meeting wieder sehr produktiv gearbeitet und zu beiden Themenkreisen große Fortschritte erreicht. So wurde noch einmal das Thema Baum: Matrix diskutiert, die zu importierenden Kundendaten und die Eskalationsstufen für die Bearbeitung der Kundenimpulse festgelegt sowie die Anforderungen an die statistischen Auswertungen des Systems definiert.

Außerdem wurde ein 4-Phasen-Modell zur Einbindung aller Mitarbeiter in den Einführungsprozess für ein EDV-gestütztes Kundenimpulsmanagementsystem entwickelt. Dieses sieht vor, in vier von der Weiterentwicklung des EDV-Systems abhängigen Phasen die Mitarbeiter in stetig steigender Intensität für das Thema Kundenimpulse zu sensibilisieren, sie mit den Chancen einer dauerhaften Auswertung der Kundenimpulse vertraut zu machen und sie anschließend an dem einzuführenden EDV-System zu schulen.

Hier stand der Gedanke im Vordergrund, einem breiten Mitarbeiterkreis den Wert von Kundenimpulsen zu verdeutlichen. Mitarbeiter sollten lernen, nicht ein schlechtes Gefühl zu haben, wenn der Kunde auf einen Fehler hinweist, sondern darüber nachzudenken, wie dieser Fehler in Zukunft zu vermeiden sein würde. Wenn das System funktionierte, könnte jeder von anderen lernen und vielen Mitarbeitern, aber vor allem auch vielen Kunden, blieben einige schmerzliche Erfahrungen erspart. In diesem Zusammenhang kam in der Gruppe auch die Diskussion auf die potenziellen Reaktionen der Vorgesetzten. Diese waren zu überzeugen, dass Kundenimpulse nur dann etwas fruchten, wenn sie nicht zu Strafaktionen gegen die Mitarbeiter führten. Nur aufgedeckte Fehler können ausgewertet und in der Zukunft vermieden werden.

Im ersten Schritt wurden durch Artikel in den Betriebszeitungen sowie in der Projektzeitung von JUMP Beiträge zum Thema Kundenimpulse veröffentlicht. Dabei war sowohl die Sache selbst Thema (Wofür benötigen wir KIM? Warum ist die Auswertung von Kundenimpulsen wichtig? etc.), aber auch der Hintergrund im Alltag (wir machen alle Fehler, Bestrafen hilft nicht, aus Fehlern können wir nur lernen, etc.). Weitergehende Aktivitäten sollten von den aus der Projektgruppe verantwortlichen Niederlassungsbeauftragten vor Ort initiiert werden, insbesondere auch durch persönliche Ansprache der Kollegen, aber auch in Form von Workshops zum Thema. In der Folge wurden diese Aktivitäten dann zunächst intensiviert und thematisch an die Einführung der EDV-Lösung herangeführt.

6.4 Wer aus Fehlern nichts lernt, lernt nichts

Aus dieser Darstellung lernten wir, dass die Arbeit in der Projektgruppe ziemlich chaotisch verlaufen ist, eine Besserung zum Ende hin aber zu beobachten war. Daraus ergaben sich mehrere Fragen:
1. Wie ist es zu dieser Arbeitsweise gekommen?
2. Welches waren die Gründe für die Verbesserung?
3. Was können wir daraus lernen?

Alle Mitglieder der Projektgruppe waren in der Projektarbeit unerfahren und durch die räumliche Trennung der Projektgruppe in den einzelnen Niederlassungen der Bank wurde die gemeinsame Gruppenarbeit deutlich behindert. Daneben gab es Vorarbeiten eines einzelnen Gruppenmitglieds, die bereits sehr weit in eine Richtung gingen. Da dieser Kollege seine Ideen schützte, lenkte er die Projektarbeit in seine Vorstellungen und versuchte Inhalte und Ziele entsprechend vorzugeben. Das führte zu Missstimmung in der Gruppe – die Gruppe fühlte sich für ein persönliches Ziel missbraucht und identifizierte sich nicht mit dem Thema. Gleichwohl wurde dieser Punkt nie offen ausgesprochen, denn der Nutzen, den dieser Kollege ansonsten einbrachte, war für das Gesamtprojekt sehr hoch.

Im Laufe der Zeit war es gelungen, die Projektgruppe zu vergrößern und die Mitglieder ins Boot zu holen. Hierfür waren die persönlichen Projekt-Meetings mit offenen Sachdiskussionen wichtig. Die Gruppe erarbeitete in diesen Meetings produktive Ansätze zur Arbeitsweise und auch zum Inhalt des Projekts. Da alle beteiligt waren, wurden diese Punkte auch gelebt. In einer ruhigen Phase kamen aus der Gruppe selbst die Anregungen, wie man weitermachen könnte.

Wichtig für diese Wandlung waren auch die in den Projekt-Meetings genutzten Hilfsmittel zur Visualisierung, wodurch erst eine wirklich produktive Arbeit erreicht wurde. Allein mit der unstrukturierten Diskussion wie am Anfang der Arbeit wären keine Ergebnisse erzielt worden.

Es wurde gelernt, wie wichtig es für eine produktive Gruppenarbeit ist, dass sich die gesamte Gruppe mit dem Thema identifiziert und die Ziele und Arbeitsweisen gemeinsam erarbeitet.

Wenn diese Identifikation gegeben ist, werden alle Gruppenmitglieder, auch wenn sie räumlich getrennt sind, am gemeinsamen Ziel arbeiten. Nur in diesem Fall sind Hilfsmittel wie E-mail und Telefonkonferenz nützlich, wobei der Einsatz auf den reinen Informationsaustausch begrenzt bleiben sollte. Sobald kreative Arbeit erforderlich wurde oder kon-

B   Umsetzung in die Praxis: Ein Fallbericht über 18 Monate

troverse Themen zu diskutieren waren, wurde das persönliche Gruppenmeeting unerlässlich. Wenn dieses dann in einer entspannten Atmosphäre stattfindet und persönliche Streitigkeiten außen vor bleiben, ist der Erfolg programmiert.

C Erkenntnisse aus der Projektarbeit –
Aus dem Tagebuch der beteiligten Mitarbeiter

1 Das merkwürdige Kommunikationsverhalten ungläubiger Banker zur JUMP-Zeit.

Ein Erlebnisbericht

Du siehst Dinge und fragst: »Warum?«
Doch ich träume von Dingen und sage: »Warum nicht?«
George Bernard Shaw

»Eine was?« . . . »In vier Wochen schon?« . . . »Was geht da vor sich? Bekommen wir noch nähere Informationen?« Mit diesen Worten reagierte ich auf die Mitteilung eines Kollegen, der mich über ein erstes Treffen anlässlich der Einführung einer Trainingsmaßnahme für förderungswürdige Nachwuchskräfte aufklärte. Die offizielle Einladung folgte wenig später, aber auch daraus ging nicht hervor, was es mit der geplanten Maßnahme auf sich hatte. ›Die Informationen fließen ja nicht sehr ergiebig‹, dachte ich etwas verblüfft. Dennoch war ich gespannt und fühlte beim Studium der Teilnehmerliste eine gewisse Neugier in mir hochsteigen.

Zugegebenermaßen war ich nach diesem Treffen nicht viel schlauer. Aber damit befand ich mich in guter Gesellschaft. Zumindest wussten wir Betroffenen nun, dass wir ausgewählt wurden, ein durch eine Unternehmensberatung unterstütztes Trainingsprogramm zu durchlaufen.

Und, da bekanntlich alle Theorie grau ist, wurde dem Projekt ein praktischer Teil hinzugefügt, der die Lerninhalte über ein »Training on the job« unter dem Motto »Servicequalität« in der Bank umsetzen sollte. Wir erfuhren auch, dass das Projekt durch Mentoren, nämlich zwei persönlich haftende Gesellschafter der Bank, begleitet werden würde und, dass die Teilnahme an diesem Projekt keinen Anspruch auf Beförderung oder Führungsaufgaben begründe. Außerdem sollten wir nicht davon ausgehen, dass Seminare und Projektarbeit immer ohne Einbeziehung der Wochenenden stattfinden könnten.

Wenn wir auch alle miteinander zunächst mit Fragezeichen in den erwartungsvollen Augen dastanden, begriffen wir doch sofort: Dies war eine Herausforderung auf hohem Niveau. Einige gingen unbekümmert ans Werk, andere machten sich tiefschürfende Gedanken über »Assessment Center« und »Big brother is watching you«. Die externen Berater fingen gleich an zu strukturieren, nachdem sie sich und ihr Konzept vorgestellt hatten. Sie forderten uns auf, eine Kerngruppe (6 aus 32) mit Vertretern aus jeder Niederlassung zu bilden, die – mit ihrer Unterstützung – das Management des Projektes übernehmen sollte. Alle 3–6 Monate sollte diese Kerngruppe ausgewechselt werden. Der erste Schritt war getan.

1.1 Das Aufbegehren der »Vergessenen«

Die bei dem ersten Treffen gewonnenen Informationen machten, natürlich unterschiedlich geschildert und interpretiert, die Runde in unserem Bankhaus. Sich die Folgen auszumalen, bedarf keiner großen Phantasie. Vom anerkennenden Kopfnicken über eine demonstrative Gleichgültigkeit bis hin zu einem missfälligen Abwinken reichte die Palette der Reaktionen der Mitarbeiter, die nicht am Projekt beteiligt waren.

Da keine einheitliche Basisinformation an die Mitarbeiter gegeben worden war, schossen die Spekulationen ins Kraut. »Warum diese Geheimnistuerei?« »Elitetruppe«, »Ach, wieder so ein Seminar, das nichts bringt«. Diejenigen, die sich übergangen fühlten, sind bis heute die ärgsten Kritiker dieses Projekts.

Selbst der Name JUMP, auf dessen Symbolik wir eigentlich stolz waren – Jahrtausend uebergreifendes Management Projekt – führte zu Irritationen: »Wen wollen die wohl überspringen?«. JUMP ging uns Jumpern leicht über die Lippen, war der Name doch Ausdruck einer Gemeinschaft und machte eine Identifikation mit dieser wunderbaren Idee möglich.

»Ich gehe jumpen« wurde ein allgemein verständlicher, aber auch ungeliebter Begriff. Bedeutete er doch, dass ein Jumper sich vom Arbeitsplatz zu entfernen gedachte, um ein Seminar oder ein Meeting zu besuchen. Uns wurde bewusst, dass die Unterstützung für die »jumpenden« Kollegen unter den gegebenen Umständen kein Freundschaftsdienst war, auf den wir zählen konnten.

In den Wirren der anfänglichen Selbstfindung sahen wir Jumper uns einer Situation ausgesetzt, die wir weder bewusst provoziert noch ursächlich zu verantworten hatten. Dennoch mussten wir überlegen, wie wir mit den verletzten und verärgerten oder auch erwartungsvollen Gesichtern um uns herum umgehen sollten.

Seitens der begleitenden Berater und unserer Mentoren erhielten wir folgenden Rat: »Diese Klippe müssen Sie allein umschiffen. Die Situation ist typisch und gehört zum praktischen Lernspektrum der Maßnahme. Sie erfordert eine Auseinandersetzung mit Widerständen, die im täglichen *Arbeits*leben genauso stattfinden können.«

1. Das merkwürdige Kommunikationsverhalten ungläubiger Banker zur JUMP-Zeit

So motiviert, blieben wir erst einmal gelassen. Wie oft schon waren wir der gern bemühten Spirale *keine Information, keine Kommunikation, keine Motivation* begegnet. Erstens konnten wir das nicht mehr hören, zweitens brachten destruktive Klagen das Projekt nicht weiter, drittens hatten wir noch kein Rezept, mit diesen Dingen umzugehen.

Die ersten JUMP-Schritte beschäftigten uns so sehr, dass unser Informationsverhalten höchstens punktuell und auf informeller Ebene stattfand (Gespräche mit Vorgesetzten, Abteilungsmeetings). Hätte dies konsequent und mit der Unterstützung der Führungsebene stattgefunden, wir müssten uns sicher nicht bis heute mit der oft schon leidigen Diskussion um JUMP beschäftigen.

Nur die beim ersten Treffen ernannten Kerngruppenmitglieder wussten in der Anfangsphase genauer, was sich entwickelte. Sie mussten es schaffen, den Grundstein zu legen, auf dem das ganze Projekt aufbaute. In unserem bankinternen Kommunikationsmedium »Lotus Notes« wurde ein *Diskussionsforum* eingerichtet, auf das alle Jumper Zugriff hatten. Hierin tauschten wir Informationen und Meinungen aus. Weitere Informationen konnten wir über die Fotoprotokolle aus den Kerngruppensitzungen beziehen.

Nach circa zwei Monaten war ein erstes Konzept entwickelt, eine erste Strategie erarbeitet – der Nebel lichtete sich. »Jetzt gehen wir raus damit. Jetzt erzählen wir, was wir vorhaben!« – »Halt! Stop! Nur nicht vorgreifen ... die Partner haben noch nicht zugestimmt!« Unsicher über den Ausgang der anstehenden Gespräche waren wir also zurückhaltend. Irgendwie berechtigt aus Jumper-Sicht, denn das positive Ergebnis der Präsentation unseres Vorhabens war keineswegs vorauszusehen. Und Unkenrufe für den Fall des Scheiterns wollten wir uns gern ersparen.

Mit der Zustimmung der Partner wich unsere Angespanntheit einer erwartungsvollen Begeisterung. Die Freude war groß, JUMP-Euphorie machte sich breit. Es gab sogar Freiwillige für die anstehende Projektarbeit! Aber wer konnte das schon nachvollziehen, wenn er die Entstehung des Projektes nicht miterlebt hatte, diese Ungewissheit um das OK der Partner?

Im Eifer des Gefechts schätzten wir das Informationsbedürfnis der meisten unserer Kollegen wieder geringer ein als es war. Wir konnten aber zu diesem Zeitpunkt keine Konflikte gebrauchen. Schließlich wurde erwartet, dass wir schnell was auf die Beine stellen, um unser Kick-Off bei der Jahrestagung der Führungsebene in Bad Breisig optimal vorbereiten zu können. So blieb es bei der sporadischen und informellen Informationspolitik.

Kundenbefragung und Mitarbeiterbefragung erarbeiten, interne und ex-

C Erkenntnisse aus der Projektarbeit

terne Benchmarking-Termine wahrnehmen, Kick-Off-Vorbereitungen, Projektmeetings, JUMP-Treffen, -Telefonate, -Aktivitäten während der Arbeitszeit...»Da müssen wir durch – das halten wir aus. Wir haben ein Ziel und das sollten wir nicht aus den Augen verlieren«... Und – wie so oft, wenn einige etwas in Gang setzen und die demokratisch geprägten Kollegen nicht gehört werden – rumorte es. Schließlich hatte man das Übergangenwerden und die Desinformation der Anfangszeit noch nicht verarbeitet! Auf der einen Seite bildete sich Widerstand, auf der anderen demonstratives Desinteresse.

Trotz allem fanden viele Kollegen auch aufmunternde Worte für das Geschehen, fragten ungeduldig »Wann macht ihr was los?«, »Ihr seid ständig in action, wann haben wir mal was davon?« Es tat gut, zu erfahren, dass es nicht nur Nicht-Jumper gab, die sich empört zurückzogen, sondern die sich erstens interessierten und zweitens nachfragten! Sie warteten offensichtlich darauf, auch etwas tun zu können, und begriffen Kommunikation nicht nur als Einbahnstraße. So geht es auch!

Es gibt wohl kein Patentrezept für den bestmöglichen Kommunikationsweg. Wie hätten die Dinge sich entwickelt, wenn die Jumper den Kollegen ihre Ideen und Pläne gleich zu Anfang dargelegt hätten? Hätte es zufriedenere Gesichter gegeben, wenn die Geschäftsleitung Erklärungen über die Strategie und den Sinn des Projekts gegeben hätte, bevor überhaupt die Basisarbeit geleistet werden konnte?

Aus der Entwicklung heraus lässt sich vieles erklären. Im Nachhinein sieht man meistens klarer, würde Dinge vielleicht anders machen. Vielleicht aber auch nicht! Eine Erfahrung.

1.2 Das Kick-Off – Kommunikation ohne Grenzen?

Am Ende der ersten JUMP-Phase stand das Kick-Off-Event. Um die Führungsebene für unsere Aktionen in Sachen »Servicequalität« zu gewinnen, hatten die Mentoren uns gestattet, die im März 1998 stattfindende Jahrestagung als Forum zu nutzen. Erfreut über das »Einmischen« der Jumper waren viele der Teilnehmer natürlich nicht. Es ist ja auch nicht so ganz angenehm, sich von liebgewonnenen Gewohnheiten trennen zu müssen...

Ein suspektes Unterfangen, aber selbst die nicht der Kerngruppe angehörenden Jumper wussten nicht, was hier genau vor sich gehen sollte. Die eingeweihte Kerngruppe und zwei Trainer der externen Beratung setzten wohl auf den Überraschungseffekt und die in einem Chaos wirkenden ordnenden Kräfte.

1. Das merkwürdige Kommunikationsverhalten ungläubiger Banker zur JUMP-Zeit

Dieses Informationsdefizit war genau richtig dosiert. Zu viel Halbwissen und eine unsteuerbare Aufgeregtheit hätten in diesem Fall vielleicht zur Folge gehabt, dass einige der Geladenen gar nicht erst gekommen wären.

Das Kick-Off war wie ein Paukenschlag. Ein Programmpunkt folgte dem anderen. Vorträge, Speaker's-Corners, Workshops, Versammlungen, Überraschungen, geistiger und körperlicher Einsatz. Nicht jedem hat es gefallen, dass er so eingebunden wurde. Die einen freuten sich über frischen Wind, die anderen mussten ihn nicht haben. Ein ganz normales Wechselbad der Empfindungen – so wie man es jeden Tag in der Bank erleben kann.

Der Clou war die Abendveranstaltung, in die alle Anwesenden eingebunden werden sollten.

Den Rahmen bildete eine stimmungsvolle Geschichte über »die Seefahrer im Land der aufgehenden Sonne«, die sich auf Geheiß des dort regierenden Kaisers in den fünf hohen ZEN-Künsten des Malens, des Dichtens, des Bogenschießens, des Schwert-Führens und des Feste-Feierns unterweisen lassen mussten, damit sie sich in seinem Land aufhalten durften. Die ausbildenden ZEN-Meister waren recht schnell mit den technischen Fertigkeiten ihrer Schüler zufrieden, aber sie gestanden ihnen die versprochenen Geschenke erst dann zu, als diese die hohen Künste auch *von Herzen* ausführen konnten. Denn *»nicht das profane Ausführen einer Tätigkeit edelt das Werk, sondern die bewusste Haltung, die von Herzen kommt«*.

Die Qualitätsmarke für diesen Abend war gelegt. Die meisten hatten richtig Lust mitzumachen oder ließen sich zumindest anstecken. Jedenfalls habe ich viele getroffen, die – trotz aufkommenden Stresses – leuchtende Augen hatten. Wer hätte an diesem Abend schon ein ernsthaftes Kommunikationsproblem haben können? Der Funke sprang über. Für die meisten war es ein fulminantes Erlebnis.

Das Echo auf das Kick-Off-Event war – bis auf wenige Ausnahmen – positiv. Wir hatten es geschafft, mit einer Menge an Beiträgen zum Thema Servicequalität und einem wohligen Gefühl in der Magengegend nach Hause zu fahren. Jetzt hatten wir sie in der Hand – die vielen Themen und Anhaltspunkte, die uns in die Lage versetzten, eine große Service-Welle in Bewegung zu setzen.

1.3 Der JUMP-Express

Schon vor dem Kick-Off hatte die Kerngruppe ein Redaktionsteam verpflichtet, das die Aufgabe hatte, für die allgemeine Information und Zusammenstellung der Ereignisse zu sorgen. In der Nacht, als alle anderen

C   Erkenntnisse aus der Projektarbeit

feierten, hob diese Truppe das JUMP-Organ, den *JUMP-Express*, aus der Taufe. Bombenstimmung in der Redaktion, tiefgründige Diskussionen, Aussetzer in der Technik, aber eine Zeitung – unabhängig, parteilich, fremdfinanziert, unregelmäßig – war geboren.

Nach unserem ereignisreichen Wochenende wurden die Ausgaben des *JUMP-Express* an alle Mitarbeiter verteilt. Natürlich war die Atmosphäre aus Bad Breisig nicht so leicht übers Papier zu transportieren. Wen wundert es da, dass die Kollegen unsere Begeisterung schwer nachvollziehen konnten. Manchen war es sicher egal, anderen lag es vielleicht schwer im Magen. Und einige warteten sicher auch, welche Konsequenzen sich daraus ergeben sollten. Jedenfalls war das Echo sehr verhalten.

1.4 Nach Bad Breisig – die hohe Kunst der Kommunikation

Kerngruppenwechsel nach Bad Breisig. Sechs neue Jumper, die von den alten Kerngruppenmitgliedern als Warnung für bevorstehende Turbulenzen eine symbolische »Zigarre verpasst« bekamen, übernahmen das Projektmanagement für die kommenden Monate.

Diese neue Kerngruppe hatte die Aufgabe, die mitgebrachten Workshop-Ergebnisse aus Bad Breisig und die Ergebnisse aus Kunden- und Mitarbeiterbefragung zu sortieren und zu neuen Aktivitäten in Sachen Servicequalität zu bringen. Die vielen Baustellen, die von allen in Bad Breisig anwesenden Führungskräften einerseits und den Kunden und Mitarbeitern durch die jeweiligen Befragungen andererseits aufgedeckt wurden, ließen recht bald erkennen, dass **alle** in den Service-Verbesserungsprozess eingebunden werden mussten.

Nach einem Monat waren die neuen Sub-Projekte in Worte gefasst. Sie wurden den Jumpern vorgestellt und den Partnern zur Genehmigung präsentiert. Flächendeckende Workshops für Mitarbeiter mit Kundenkontakt und jene, die interne Serviceleistungen erbrachten, stellten den Kern der zu ergreifenden Maßnahmen dar.

Neben den mit »Servicequalität« direkt befassten Projekten wurde eine Projektgruppe institutionalisiert, die für das Transportieren von JUMP-Informationen in die Bank zuständig war. Natürlich bedeutete das nicht, dass die Kommunikationsgruppe die Hoheit über das zu berichtende Wort innehatte. Die Projektgruppen wollten und brauchten kein Sprachrohr, um ihre Aktivitäten im JUMP-Kreis kundzutun. Um zu vermeiden, dass die Nachrichten auf den großen »To-read«-Haufen gelegt wurden, berichtete die Gruppe ereignisbezogen und in enger Anlehnung an das Thema Servicequalität. Ein Umstand übrigens, der bis heute für viel Dis-

1. Das merkwürdige Kommunikationsverhalten ungläubiger Banker zur JUMP-Zeit

kussionsstoff sorgt. Wäre es doch ein leichtes, eine Kommunikationsgruppe als Sündenbock für auftretende Kommunikationsprobleme zu haben!

Die Beschreibung der neuen Projekte veröffentlichten wir in einem *JUMP-Express-Extrablatt*, das an alle Mitarbeiter verteilt wurde. Verhaltene Reaktion. Kaum Fragen. Die ebenfalls eingerichtete JUMP-Hotline, über die die Mitarbeiter sich entweder über E-mail oder Telefon äußern konnten, wurde kaum genutzt. Es war auch die Zeit einer EDV-Umstellung. Sicher waren Aussagen wie »Haben die zur Zeit keine anderen Sorgen?« irgendwie berechtigt, aber – unabhängig von den Entwicklungen in der Bank – mussten wir Jumper am Ball bleiben.

Nach dem »Go!« der Partner im April 1998 stürzten wir uns in die Detailplanung. Neue Arbeitsgruppen wurden gebildet, Workshop-Dramaturgien ausgearbeitet. Zwei Monate gingen ins Land.

Als wir unser Vorhaben den Mentoren präsentierten, kam die große Überraschung. So hatte man sich das nicht vorgestellt. Alle Mitarbeiter der Bank einbinden? Welche Kapazitätsbindung! Und überhaupt wurden Ergebnisse erwartet, nicht schon wieder neue, zeitraubende Projektarbeit.

Wir saßen da wie vom Donner gerührt und hatten das Gefühl, dass auf einmal alles in Frage gestellt sei. Die Projektarbeit war bekannt und im April bereits genehmigt – und nun auf einmal alles zurück, da man die Auswirkungen nicht bedacht hatte? Enttäuschung und Wut und das sichere Gefühl, dass man sich wochenlang nicht mit uns beschäftigt hatte, brachten uns aber nicht weiter. Wir mussten nacharbeiten.

Als ob das nicht schon schwierig genug gewesen wäre, kamen auch noch JUMP-interne Querelen hinzu. Unverständnis über das Vorgehen der Kerngruppe, Diskussion über das Einfrieren des Projekts aufgrund von zeitintensiven EDV-Projekten, Mails über Mails im Diskussionsforum. Gereizte Stimmung. Wahrnehmungen und Wünsche wichen Statements und Anklagen. Breite Diskussion auf frustrierter Ebene. Es war extrem schwierig, bei derart verschiedenen Interessenslagen den roten Faden zu behalten.

Das persönliche Gespräch, das »Sich Zeit nehmen« füreinander, für Rede und Antwort kam dabei ein bisschen zu kurz. In knackigen Mails wurden die Standpunkte vertreten. Ob man seine Mitteilungen auf Halbwissen aufbaute oder einfach nur seine differierende Meinung äußern wollte – Enter, Abschuss.

Mails sind eben Mails. Im Prinzip ist mailen nur vorteilhaft. Kurz, einfache Sprache, wenig Zeitaufwand, Knopfdruck, weg. Aber auch hier macht der Ton die Musik. Mails können sehr viel Porzellan zerschlagen, wenn sie nicht unter Wahrung bestimmter Spielregeln verfasst werden. In einem Gespräch kann das auch vorkommen, es kann aber leichter korrigiert werden.

Das »Miteinander« der Jumper hatte Kratzer bekommen. In dieser Zeit zogen wir es vor, die Ereignisse nicht an die Mitarbeiter weiterzugeben. Allzu unsicher über den Fortgang des Projekts wollten wir zunächst einmal abwarten, bis wir wieder in ruhigeren Gewässern ruderten. Zuerst einmal mussten die JUMP-eigenen Baustellen beseitigt werden.

Die Folge: »Was ist eigentlich los mit den Jumpern? Erst eine große Veranstaltung in Bad Breisig, in der auch und vor allem die fehlende Kommunikation angeprangert wurde, und dann hört man nichts mehr.« »Da kündigen sie großartig Workshops an und dann passiert nichts.« »Haben wir's doch gleich gewusst, es war alles nur warme Luft.« Und die ganz Jovialen: »Euer internes Marketing stimmt nicht.«

Stress machte sich breit. Immerhin waren bereits drei Monate nach Bad Breisig vergangen. Also – Krisensitzung mit den Mentoren zur grundsätzlichen Positionierung. Ein gemeinsamer Termin im August 1998 (das Bad-Breisig-Event fand im März statt!) brachte den Knoten zum Platzen. Nach Abwägung aller Möglichkeiten und der nochmaligen Präsentation unseres Vorhabens konnten wir den ursprünglich eingeschlagenen Weg fortsetzen.

Warum denn nicht gleich! Aufatmen, Erleichterung, Sektflasche auf den Tisch. Aber! – so ermahnte uns der erhobene Zeigefinger – das sind die Hürden des Projektes, die die Jumper bitte auch im Selbstmanagement bewältigen müssen . . .

Eine Erkenntnis gab die zweite Kerngruppe der im September 1998 ernannten Kerngruppe mit auf den Weg: »Kommuniziert mehr durch persönliche Gespräche und sucht den Kontakt zu den Partnern und Führungskräften. Haltet sie über die Projektarbeit auf dem laufenden und stellt sicher, dass sie alles so verstanden haben, wie ihr es verstanden wissen wollt.«

1.5 Die Workshop-Phase

Im September meldete JUMP sich bei den Mitarbeitern zurück. Fast ein halbes Jahr nach Bad Breisig. Vielleicht hatte der eine oder andere sich schon gefragt, ob wir überhaupt noch existierten. Klar, wir konnten alles erklären, aber wen interessierte das schon?

1. Das merkwürdige Kommunikationsverhalten ungläubiger Banker zur JUMP-Zeit

Zur Information über die bevorstehende gemeinsame Workshop-Arbeit luden wir zu einer Vernissage ein. Wir stellten die in Bad Breisig in *Frottage*-Technik hergestellten Kunstwerke aus und hingen Fotos von der Abendveranstaltung auf. So konnten wir den Mitarbeitern unser Anliegen in einem angenehmen Rahmen näher bringen.

Um der Bedeutung der Sache Ausdruck zu verleihen, fanden die Termine in den Niederlassungen mit den Mentoren statt. Nette Reden, Vorstellung der Projekte, Information über die bevorstehende, flächendeckende Workshop-Arbeit. Es wurde also auch klar, dass jeder Anwesende früher oder später in einen Workshop eingebunden werden würde.

Auf die Frage nach Fragen machte sich Stille breit. Kein Aufbäumen, kein Protest. Keine Zustimmung, keine Freude. Und das, wo sich doch bis dahin so viele über JUMP aufgeregt hatten. Wie sollten wir das nur deuten?

Ein kleiner Erfahrungsaustausch über die Vernissagen in den verschiedenen Niederlassungen zeigte, dass in fast jedem Haus die gleiche verhaltene Stimmung herrschte. Als erfahrene Zweckoptimisten deuteten wir das weitgehende Schweigen als abwartende Haltung. Wir gingen davon aus, dass unser Anliegen verstanden und der tiefere Sinn der Maßnahmen erkannt worden war.

Da, wo der Widerstand offen zu Tage trat, hatten wir einen Ansatzpunkt, Überzeugungsarbeit zu leisten. Mit unterschwelliger Kritik konnten wir nichts anfangen. Wir spürten sie zwar, sahen aber so recht und schlecht keine Möglichkeit, ihr zu begegnen. Es war viel zu tun – also stürzten wir uns in die Arbeit.

Bis auf wenige Ausnahmen fanden die Workshops ohne Zwischenfälle statt. Ich selbst habe zwei Workshops mitgemacht, bei denen es eher schwierig war, aus der Vielzahl von Themen die wichtigsten herauszusuchen und ein Selbstbild zu erstellen bzw. messbare Ziele zu formulieren. Sehr ausgeprägt war auch die Neigung, den eigenen Service als unverbesserlich darzustellen und für Missstände andere Kollegen oder vielleicht auch höhere Gewalten verantwortlich zu machen (»Ich würde ja, aber ich kann nicht«).

Ich hatte an sich ein größeres Diskussionsbedürfnis befürchtet, aber dies ebbt offensichtlich mehr und mehr ab. Man kann fast die Hoffnung haben, dass die Aufregung um JUMP allmählich der Auseinandersetzung mit dem Thema Servicequalität weicht – wenn auch in aller Stille. Zumindest wird das Angebot der Jumper, die Workshops als Chance zu sehen, stärker angenommen als wir es zunächst erwartet hatten. Vielen Mitarbeitern ist im Laufe der Zeit klar geworden, dass es bei dieser Aktion

C Erkenntnisse aus der Projektarbeit

nicht um JUMP geht, sondern um die Steigerung der Servicequalität in unserer Bank. Wer nach wie vor davon überzeugt ist, in dieser Beziehung keine Impulse nötig zu haben, der muss sich ganz bestimmt nicht gegenüber den Jumpern rechtfertigen.

Hier und da keimt immer wieder das Bedürfnis auf, grundsätzlich über JUMP zu diskutieren. Das ist so lange o.k., wie die Diskussion konstruktiv ist, d. h. weiterführende, konkrete Ergebnisse erzielt werden. Wird nur das JUMP-Projekt an sich attackiert und der Vorwurf der mangelnden Information mit indiskreter Neugier verwechselt, bringen diese Gespräche nichts. Die Motive, die zur Ablehnung von JUMP führen, sind vielfach schwer durchschaubar, haben aber nichts mit sachlich, vernünftigen Argumenten zu tun. Diejenigen, die den tieferen Sinn des Projekts erkannt haben, setzen sich zusehends mehr mit der eigenen Serviceleistung auseinander. Sie entwickeln gute Ideen und geben wertvollen Input. Das ist wunderbar. Das müssen wir am Leben erhalten!

1.6 Und wie geht es uns Jumpern heute?

Nach den Wirren des zweiten JUMP-Semesters und mit der Durchführung der Workshops ist es stiller geworden. Das anfangs so rege genutzte Diskussionsforum enthält fast nur noch Mitteilungen informativen Charakters. Protokolle, Terminpläne, Seminartermine. Sind denn alle so in ihre Arbeit vertieft? Sind wir vorsichtiger geworden? Oder bequem? Viele vermissen die Impulse aus der Kerngruppe. Ach ja, wir müssen ja noch die Folgeworkshops organisieren . . .

Noch zwei Monate bis zur Abschlussveranstaltung unseres JUMP-Projektes. Der Name wird vielleicht verschwinden, aber das Erlebte, das Erfahrene und das Erlernte steckt in uns drin.

So wie die Gewissheit, dass alle JUMP-Ereignisse eine wie auch immer geartete bankinterne Kommunikation in Gang gesetzt haben. Anfangs waren wir davon überzeugt, dass weder die Unternehmensberatung, noch die Partner, noch die Jumper so recht wussten, wo es lang gehen sollte. Aber was daraus allein bis zum heutigen Tage gewachsen ist, erfüllt alle Beteiligten mit Stolz.

Die konstruktiv kritischen Stimmen in der Bank mahnten uns, permanent darüber nachzudenken, dass es ein Bedürfnis der Außenstehenden nach Integration gibt. Mir sind sie lieber als diejenigen, die das Treiben der Jumper mit argwöhnischem Blick verfolgen und sich vor den positiven Auswirkungen eines solchen Projekts verschließen. Können sie Motoren für notwendige Veränderungen sein?

1. Das merkwürdige Kommunikationsverhalten ungläubiger Banker zur JUMP-Zeit

Ich persönlich hoffe darauf, dass wir die Erfahrungen aus der JUMP-Zeit immer wieder nutzen können, eine faire und partnerschaftliche Zusammenarbeit voranzutreiben. Auch wir tragen Verantwortung dafür, dass Kommunikation nicht mehr in hierarchischen Bahnen verläuft, sondern sich künftig ohne Standesdenken und irreführende Profilierungssucht entwickeln kann. Eigeninitiative im Bringen und Einholen von Informationen – im Interesse der Optimierung unserer Servicequalität, im Interesse der gemeinsamen Sache.

The only way to discover the limits of the possible is to go beyond them into the impossible.

Arthur C. Clarke

2 Service – In Search of Excellence

Wir leben in einer Zeit gravierenden Wandels. Die Dienstleistungslastigkeit der Bruttosozialprodukte erhöht sich ständig und auch die qualitative Anforderung an Service unterliegt dem Druck der Nachfrageseite.

Die Dominanz der Dienstleistung gegenüber dem produzierenden Gewerbe hat in USA bereits die Quote von zwei zu eins erreicht. In Europa ist das Verhältnis etwa reziprok, aber auch in der alten Welt nimmt das Gewicht von Dienstleistungen am BSP zu. Die galoppierende Globalisierung sorgt zeitgleich für einen sich intensivierenden Wettbewerb unter den Anbietern praktisch jeder Art von Produkten und Dienstleistungen. Folge des Wettbewerbs sind die weltweit niedrigen Inflationsraten.

Im Kampf um den Konsumenten haben jedoch gewohnte »Vertriebswaffen«, wie z. B. »Made in Germany« längst ihre Schlagkraft eingebüßt. Der Konsument ist anspruchsvoller geworden. Preis, Qualität und Liefertreue sind die Minimalparameter der Funktion Kundenzufriedenheit. Um Kundenbegeisterung zu erreichen, bedarf es eines für den Kunden erlebbaren Service. Dieser Service erlangt immer höhere Relevanz und etabliert sich als wichtig(st)er preisbildender Faktor.

Woran liegt das?

Es spielen wahrscheinlich mehrere Faktoren eine Rolle. Zum einen macht uns die durch moderne Transportmittel näher gerückte weite Welt (USA, Asien) vertraut mit einer von der europäischen Servicementalität grundverschiedenen, am Verbraucher orientierten Einstellung. Zum anderen führt sicherlich auch das Aufbrechen staatlicher Monopolstrukturen (Telefon, Post, Arbeitsvermittlung etc.) zur Erkenntnis, dass es durchaus auch anders geht als auf der klassischen Behörde. Auch die durch moderne Produktentwicklung und Produktion drastisch verkürzten Produktzyklen tragen dazu bei. Durch intensivierten Wettbewerb sind die Unterschiede konkurrierender Produkte geringer geworden. Damit lässt sich oftmals aus dem Produkt heraus ein added value nicht zum Kunden transportieren. Die Servicequalität muss angesichts homogener Produkte den Kunden überzeugen.

Letztlich sind die cleveren Unternehmen, die herausragenden Service bieten, mit daran »schuld«, dass der Verbraucher anspruchsvoller geworden ist.

Gut so!!

2. Service – In Search of Excellence

2.1 Im Zentrum des Service steht der Mensch

Wenn man sich in Unternehmen mit dem Thema Service beschäftigt, geschieht das häufig durch Workshops für Kundenabteilungen. Stellt man in solchen Veranstaltungen die Frage nach den Erfahrungen der Teilnehmer mit Service, können alle über positive wie negative Erfahrungen berichten. Im Lokal, beim Einkaufen, auf Behörden, überall hat man mit Menschen zu tun, die Dienste leisten. Es lässt sich fast immer feststellen, dass die Organisation zwar einen Rahmen für die zu leistenden Dienste bietet, letztlich aber immer der einzelne Mensch darüber entscheidet, wie wohl sich der Kunde fühlt. Selbst im gut besuchten Lokal mit eigentlich zu langen Wartezeiten, kann der Ober mit einer freundlichen Geste: »... ich komme sofort zu Ihnen, haben Sie bitte noch einen Moment Geduld« für gute Laune und das Gefühl sorgen, dass man nicht vergessen ist.

Die Menschen wissen sehr genau, wie sie selbst als Kunde behandelt werden wollen.

Trotzdem gibt es bei der anschließenden Begriffsdefinition immer wieder Probleme. Das Wort Service ist aus dem Englischen entlehnt und bedeutet Dienstleistung. Dienstleistung setzt sich zusammen aus »dienen« und »leisten«. Mit dem Thema Leisten haben die wenigsten Menschen Probleme, beim Dienen stolpern aber viele. Mit »Ich bin doch kein Lakai!!« wird dem Dienen die Absage erteilt. Dabei ist Dienen etwas Alltägliches. Man wird im Restaurant bedient, dient beim Bund dem Vaterland, verdient Lohn oder Gehalt. Genauso natürlich ist es, seinen Kunden zu dienen, denn dabei ist überhaupt nicht an eine Lakaientätigkeit gedacht, sondern an eine zuvorkommende, höfliche, an den Kundenbedürfnissen orientierte Behandlung.

Gerade diejenigen Menschen im Kundenkontakt, die keine Probleme mit dem Dienen haben, sind ausgesprochen erfolgreich. Diese Kundenkünstler schöpfen aus der tiefen Überzeugung, dass ihre Arbeit am Kunden nicht mit der Anpreisung eines Produkts beendet ist, sondern erst richtig rund wird, wenn sie das Produkt in eine kundenindividuelle Behandlung kleiden. In ihnen gibt es keine Zweifel über die Sinnhaftigkeit exzellenten Service, denn sie haben den Kunden als wichtigsten Menschen im Unternehmen anerkannt. Diese Menschen haben ein Gespür für den richtigen Ton bei den jeweils unterschiedlichen Kunden, sie experimentieren mit ihrem Verhalten, bis sie den Schlüssel zum Kunden gefunden haben. Sie erahnen die unterschwelligen Kundenerwartungen und überraschen den Kunden damit, sie zu erfüllen. Rückschläge fassen Sie als Erfahrungen auf, die zukünftiges Verhalten optimieren können.

C Erkenntnisse aus der Projektarbeit

Der Kundenkünstler lebt oft unbewusst von einer positiven Grundeinstellung, die sich durch positives Feedback auf seinen Service ständig weiter festigen kann. Dieser Mensch avanciert zum geschätzten Partner mit entsprechend großem Einfluss auf den Kunden. Damit wird die Kundenbeziehung gefestigt, die Kundenbindung erhöht und das Umsatzverhalten angeregt.

Das klingt alles so schön erstrebenswert und einfach. Man kann gar nicht schnell genug an diesen Punkt kommen. Es ist ein Kraftakt, aus einem »normalen« Betrieb ein Unternehmen zu entwickeln, dessen Service gut genug ist, bei der Mehrzahl der Kunden auch als besonders gut wahrgenommen zu werden.

Dazu bedarf es einer eindeutigen Managementaussage zu Gunsten einer Servicekultur. Die Unternehmensführung muss ein klares Commitment eingehen, um den Mitarbeitern den Willen zum Wechsel zu verdeutlichen. Der Mut zum Wandel bedingt einen weniger auf Hierarchien und mehr auf Verantwortungsübernahme gerichteten Führungsstil. Darüber hinaus wird die Entwicklung einer Servicekultur durch die Fähigkeiten und Einstellungen der Mitarbeiter gefördert. Dabei geht es nicht primär um Verkaufstechniken, Seminare über Telefonmarketing, Schulungen über Standardantworten bei Kundenanfragen, Beschwerdemanagement usw. usw., sondern insbesondere um die Serviceeinstellung der Mitarbeiter. Diese Einstellung ist es, an der primär angesetzt werden muss. Alle Schulungsmaßnahmen gehen ins Leere, wenn sie nicht mit der nötigen Servicesensibilität zusammentreffen. Aus diesem Grund sollte bereits bei der Mitarbeiterrekrutierung verstärkt auf die Einstellung des Bewerbers zum Service geachtet werden. Ist eine positive Grunddisposition zum Thema Service gegeben?, ist eine der Hauptfragen eines Bewerbungsgespräches. Es wäre sogar zu erwägen, als Bestandteil der Bewerbungsgespräche einen Test über die Serviceorientierung des potenziellen neuen Mitarbeiters zu verwenden.

Es reicht aber nicht, nur diejenigen mit dem Servicevirus zu infizieren, die mit externen Kunden im Kontakt sind. Für das Gesamterscheinungsbild eines Unternehmens ist es ebenso wichtig, dass alle, die intern Dienste leisten, genauso engagiert die Vorleistungen erbringen, die die Kundenbetreuer nach außen weiterverkaufen. Etwa nach dem Motto: Die Kette kann nur so stark sein wie das schwächste Einzelglied. Noch mal, weil es so wichtig ist: Es muss mit Nachdruck darauf hingewiesen werden, dass die Dienstleistung in der Kundenbeziehung nicht nur an der Grenze des Unternehmens nach draußen stattfindet, sondern intern im Unternehmen zwischen allen Abteilungen Service/Kundenbeziehungen existieren.

2. Service – In Search of Excellence

Wird dies nicht akzeptiert und mit Überzeugung gelebt, gefährdet es den Gesamterfolg. Denn nur wenn alle an einem Servicestrang ziehen, kommt es zu herausragender Leistung, bekommt die Veranstaltung Eigendynamik mit Motivationsschüben und erhöhtem Unternehmenserfolg. Und nur wenn alle mitmachen, kann die erwünschte Außenwirkung erzielt werden.

Es ist also mit erheblichem Aufwand zu rechnen, um an der Spitze der Serviceleister mitzumischen. Um so wichtiger ist es, sich über die möglichen positiven Auswirkungen auf die Unternehmenserträge und das Betriebsklima klar zu werden.

2.2 Facetten des Nutzens

Heute leugnet keine ernstzunehmende Stimme mehr den Wert besonderen Service für den Unternehmenserfolg. Es gibt Diskurs über die Kosten/Nutzen-Relationen und die notwendigen kulturellen Veränderungen im Unternehmen. Wir wollen im Folgenden herausarbeiten, dass die weit über den kurzfristigen Unternehmenserfolg hinausgehenden positiven Einflüsse den Aufwand für eine gute Servicekultur mehr als rechtfertigen.

2.3 Motivation und Betriebsklima

Vergegenwärtigen wir uns noch einmal den Kundenkünstler. Er ist erfolgreich mit seinen Kunden tätig. Der Erfolg schlägt sich in Spaß an der Arbeit nieder. Diese Menschen kommen weit häufiger gut gelaunt und gern zur Arbeit als diejenigen, denen es ob ihrer negativen Grundeinstellung schwerfällt ihren Kunden zu dienen. Der Kundenmuffel beschäftigt sich zuviel mit seinen Ekelkunden und damit, sich über sein schwieriges Los zu beschweren, als dass er glücklich und zufrieden sein könnte. Ganz abgesehen davon, dass der Erfolgreiche auch über seine Entlohnung zusätzliche Motivation erfährt, verfügt er ob seines Erfolges über soviel positive Energie, dass es auch ins Privatleben ausstrahlen wird. Währenddessen verbringt unser Kundenmuffel seine Freizeit damit, sich über die Ungerechtigkeit zu beschweren und seine Opferrolle auszuleben. Es ist zwar klar, welche Rolle mehr Spaß macht. Es ist allerdings nicht so einfach, das Glas halb voll zu sehen. Dazu braucht es die richtige Einstellung, von der schon mehrfach die Rede war. Außerdem braucht es im Unternehmen auch das richtige Klima, das die Einstellung fördert. Eine nach hinten orientierte Ausrichtung, die von . . . das haben wir schon immer so gemacht!

C Erkenntnisse aus der Projektarbeit

und ähnlichem lebt, die Neuerungen grundsätzlich ablehnend gegenübersteht, ist die denkbar schlechteste Voraussetzung für den Verbesserungsprozess.

Aussicht auf Erfolg hat eine serviceorientierte Kultur nur dann, wenn es zum kritischen Dialog mit den Kunden und untereinander kommt. Es muss der Mut vorhanden sein, neues Terrain zu erkunden und alte Strukturen in Frage zu stellen. Gibt man den Mitarbeitern Gelegenheit Verantwortung zu übernehmen und zu experimentieren, werden die wenigsten den Freiraum missbrauchen. Stark hierarchisch geprägte Strukturen mit langen Entscheidungswegen, gepaart mit Misstrauen den Mitarbeitern gegenüber behindern die Übernahme von Verantwortung. Lebt die Führung aber den Mut Neues zu versuchen vor, schafft sie die Voraussetzung für ein Klima der Innovation, das den Mitarbeitern den Freiraum öffnet, dem Kundenkünstler nachzueifern. Damit sind die Rahmenbedingungen geschaffen, Verantwortung zu übernehmen und externen wie internen Kunden verbesserten Service angedeihen zu lassen. Kommt dann das verdiente Lob, ist der Servicevirus etabliert und wird sich nach und nach im gesamten Unternehmen verbreiten. Das Betriebsklima wird sich spürbar verbessern und eine Raketenstufe zu erhöhter Produktivität zünden. Damit etablieren die einzelnen Glieder der Dienstleistungskette im Unternehmen bis zum externen Kunden eine vergleichbar starke Serviceorientierung und die Außenwirkung potenziert sich.

2.4 Gewinnrelevanz

Die durch erfolgreichen Service geschaffene Motivation auf der Mitarbeiterebene sowie das durch gesteigertes Verständnis zwischen den Abteilungen verbesserte Betriebsklima erhöhen den gemeinsamen Erfolg. Die Kundenkünstler brillieren an der Kundenfront und können ihre ganze Kraft in den Dienst am Kunden investieren, denn sie bekommen aus dem Unternehmen heraus bereits hervorragenden Service geliefert. Damit steht einem höheren Output von Dienstleistungen oder Produkten nichts mehr im Wege. Der zufriedene Kunde wird auch bereit sein, die für ihn messbar bessere Qualität der Betreuung finanziell zu honorieren. Der Unternehmenserfolg wird nachhaltig erhöht.

2.5 Erscheinungsbild des Unternehmens

Alle bisher aufgezählten Faktoren für sich allein sind für das Unternehmen schon sehr wertvoll. In ihrer Kombination erlangen sie aber noch bedeutendere Relevanz in Bezug auf die Außenwirkung. Ein gutes Betriebsklima auf der Basis motivierter Mitarbeiter strahlt nach außen spürbar ab. Der zunehmende Unternehmenserfolg, dokumentiert in der Presse, wird neidisch verfolgt von der Konkurrenz und erhöht die Signalwirkung nach innen wie nach außen.

Für den bestehenden und insbesondere den potenziellen Kunden ist es enorm wichtig mit einem erfolgreichen Partner zusammenzuarbeiten. Die positive Signalwirkung des Erfolges wird sich auf die Neigung, die Geschäftsbeziehung zu intensivieren bzw. aufzunehmen, förderlich auswirken, denn man arbeitet ja (selbst erfolgreich) am liebsten mit seinesgleichen zusammen.

Aber nicht nur für bestehende und potenzielle Kunden sind diese Signale wichtig, auch für die Rekrutierung neuer (serviceorientierter) Mitarbeiter sind sie enorm hilfreich. Denn genau so, wie ein potenzieller Kunde durch solche Signale dazu motiviert werden kann, den Zuschlag zu geben, wird eine gezielte Mitarbeiterwerbung für ein »winning team« mit Erfolgsnachweis deutlich einfacher sein.

2.6 Persönliche Erfolgsrezepte

Unabhängig davon, ob das ganze Unternehmen bereits vom Servicevirus infiziert ist und das Management vorbildliche Rahmenbedingungen geschaffen hat, kann jeder einzelne Mitarbeiter Maßnahmen ergreifen, die seine Arbeit erfolgreicher gestalten. Die Initiative einzelner Mitarbeiter kann die Schaffung einer servicefördernden Kultur durch das Management allerdings nicht ersetzen. Über diese persönlichen Erfolgsfaktoren wollen wir uns im Folgenden Gedanken machen.

Das für den Kunden spürbare Mehr an Service kommt aus einem dienstleistungsorientierten Bewusstsein. Dieses Bewusstsein basiert auf einer grundsätzlichen Leistungsbereitschaft, die wiederum auf innerer Einstellung, Überzeugungen und Grundsätzen beruht. Grundsätzliche dauerhafte Leistungsbereitschaft setzt Spaß an der Arbeit voraus. Deswegen sind Kundenorientierung und Spaß an der Arbeit zwei Komponenten, die unmittelbar miteinander zu tun haben. Wer keinen Spaß an der Arbeit hat, wird kaum guten Service leisten und wer keinen guten Service leistet, dem wird ob mangelnder Erfolgserlebnisse der Spaß an der Arbeit abgehen. Somit können wir unsere Suche nach Erfolgsrezepten auf beide Zielbereiche ausdehnen. Am Anfang dieses Prozesses sollte die Reflexion des eigenen Serviceempfindens stehen. So wie man selbst als Kunde behandelt werden möchte, sollte man seine Kunden behandeln. Dabei ist es wichtig die key-points herauszufinden.

Es ist auffällig, dass besonders die fröhlichen, gutgelaunten Menschen positiv wirken. Versuchen Sie einmal, wenn Sie sich am Telefon melden, nicht nur den Namen zu sagen, sondern auch noch »Guten Tag«. Um die Sache perfekt zu machen, lächeln Sie dabei. So unglaublich es klingt, der Gesprächsteilnehmer kann auch ohne Bildtelefon das Lächeln sehen. Als zweite Übung versuchen Sie einmal jemandem, der Sie anlächelt einen grimmigen Blick zurückzuwerfen. Das ist fast unmöglich. Ein Lächeln und Freundlichkeit werden fast immer vom Gegenüber reflektiert. Damit ist der Einstieg geschafft.

Erster Erfolgsfaktor: Tu es mit einem Lächeln!

Mit Lächeln und Freundlichkeit ist man schon ein ganzes Stück näher am Kunden dran. Selbst wenn er gerade eine Reklamation anbringen wollte, wird dieser durch Freundlichkeit die Spitze genommen. Aber egal, ob der Kunde mit Reklamation, Auftrag, Anfrage oder sonstigen Anliegen kommt, er muss immer ernst genommen werden. Man sollte versuchen, die Botschaften zu verstehen und sich in die Lage des Kunden versetzen. Das gezielte Eingehen auf Kundenwünsche und eventuell das Ahnen unterschwelliger Erwartungen sind zentrale Aufgaben des Kundenkünstlers. Wo immer er die Möglichkeit sieht, erkannte Kundenbedürfnisse zu befriedigen, wird er die Chance nutzen, den Kunden positiv durch Dienstleistung zu überraschen.

Dem Kunden kann so vermittelt werden, dass sein individuelles Problem erkannt ist und um eine Lösung gesucht wird. Dazu muss der Kundenbetreuer die Verantwortung übernehmen. Er steht mit seinem Wort dem Kunden gegenüber in der Pflicht und darf sich, wenn etwas nicht zur Zufriedenheit klappt, nicht herausreden oder hinter seinen Kollegen verstecken. Erfahrungen, wie sie der Buchbinder Wanninger machen musste, der immer wieder weiter verbunden wird, weil niemand die Verantwortung für sein Problem übernehmen wollte, sollten dem Kunden unbedingt erspart bleiben. Ein guter Kundenbetreuer nimmt sich des Kundenproblems an, sagt Lösungen mit Zeitangabe zu und kümmert sich intern um die Erledigung.

Zweiter Erfolgsfaktor: Übernimm Verantwortung!

Kunden haben Probleme, die gelöst werden müssen. Zum Beispiel muss unter Zeitdruck eine Lieferung erfolgen, es steht der gewünschten Leistung ein vermeintlich zu hoher Preis gegenüber oder die letzte Lieferung

2. Service – In Search of Excellence

hatte qualitative Mängel. Mit diesen Problemen wird der Kundenbetreuer konfrontiert. Möglicherweise empfindet er es als störend, dass schon wieder jemand seine Frühstückspause stört. Aber dies haken wir ja bereits als falsche Einstellung ab. Möglicherweise empfindet er aber die Anfrage auch als Herausforderung und macht sich mit dem Kunden daran, eine Lösung des Problems zu finden. Dabei kann man auf den eingetretenen Wegen bleiben, das hilft aber oft nicht weiter. Der Kundenkünstler hat in dieser Situation den Mut zur Kreativität. Er traut sich, aus seiner gefestigten Persönlichkeit heraus durchaus auch einmal unorthodoxe Vorschläge zu machen, und wird mit etwas Glück erneut den Kunden überraschen und positiv für sich einnehmen.

Dritter Erfolgsfaktor: Habe Mut zur Kreativität!

Sowohl Kundenkünstler als auch Kundenmuffel machen viele Erfahrungen mit ihrem Verhalten im Umgang mit den Kunden. In der Reflexion dieser Erfahrungen liegt ein weiterer wesentlicher Erfolgsfaktor. Es gibt auch hier eine klassische abc-Verteilung. Wenige negative Ereignisse beschäftigen das Denken überproportional. Den vielen positiven Ereignissen wird geringere Aufmerksamkeit gezollt. Der Trick ist es nun nicht, sich nur in den guten Erfahrungen zu sonnen und die eher negativen Eindrücke zu vergessen. Beide Sorten von Ereignissen müssen gewissenhaft reflektiert werden. Aus Erfahrungen lassen sich Faktoren des Erfolges und des Misserfolges selektieren. Wer genau analysiert, kann aus der Erfahrung sehr viele Schlüsse ziehen, die sein zukünftiges Kundenverhalten optimieren können.

Wie agieren unsere beiden Charaktere? Der Kundenmuffel hat mit einer negativen Erfahrung einen neuen Grund, mit dem Schicksal zu hadern. Er allein hat alle bösen Kunden. Dabei wird er völlig vergessen, Lehren aus den Erfahrungen zu ziehen, und bei nächster Gelegenheit erneut in die gleiche Falle laufen.

Den Kundenkünstler hingegen werden kritische Erfahrungen nicht aus der Spur werfen. Er wird, eher positiv denkend, froh sein, eine Erfahrung gemacht zu haben, die ihn zukünftige Ereignisse gleicher Art geschickt vermeiden lässt.

Vierter Erfolgsfaktor: Verwerte Erfahrungen!

Wir haben im letzten Abschnitt die Verwertung von (negativen) Erfahrungen besprochen. Dies bezog sich eher auf die inhaltlichen Erkenntnisse, auf die angewandten Techniken, die bestimmte Ergebnisse zeitigten.

C Erkenntnisse aus der Projektarbeit

Nun soll die Rede von den motivierenden Kräften positiver Erfahrungen sein. Stellen wir uns vor, unser Kundenkünstler hat auf eine Kundenanfrage hin nicht nur die geforderten Baupläne, Materialspezifikationen und ähnliches geliefert, sondern bietet an, mit einem Entwicklungsingenieur beim Kunden vorbeizukommen, um Details zu besprechen und gegebenenfalls über Alternativen nachzudenken. Der Kunde, der eigentlich »nur« die gewünschten Daten erwartet, wird positiv von der Initiative seines Kundenbetreuers überrascht. Diese Erfahrung des Kunden mit »seinem« Betreuer wird sich auf den Gesprächsverlauf und die Auftragsvergabe wahrscheinlich positiv auswirken. Als Abfallprodukt wird der Kundenkünstler ein mehr oder weniger explizites Lob erhalten. Dieses Lob wird den Kundenkünstler motivieren, zukünftig ähnliche Taktiken anzuwenden um anhaltend erfolgreich zu sein.

Fünfter Erfolgsfaktor: Wandle Lob in Motivation und Energie!

Abschließend wollen wir den Bogen nochmals zum »internen« Service spannen, also zu den Diensten, die innerhalb des Unternehmens zwischen verschiedenen Abteilungen geleistet werden. Der Kundenkünstler zieht aus seinen positiven Erfahrungen mit externen Kunden soviel Kraft, dass er derjenige sein kann, der auch im Hinblick auf das Verhältnis untereinander im Unternehmen positiven Einfluss nehmen kann. Warum sollte er seine Kollegen nicht auch über das erwartete Maß hinaus überraschen. Er ist derjenige, der durch guten internen Service den Zündfunken auch ins Unternehmen hinein tragen kann. Welchem Kollegen würde es auf Dauer nicht peinlich sein, immer zuvorkommend bedient zu werden, während er selbst unfreundlich oder unwillig ist? Durch diese Kraftanstrengung »zwingt« man den Servicegedanken anderen förmlich auf.

Sechster Erfolgsfaktor: Leiste auch intern mehr als den erwarteten Service!

Diese sechs Erfolgsfaktoren sind im Wesentlichen die Kriterien sich selbst zu führen. Voraussetzung für eine erfolgreiche »Selbstführung« ist die grundlegend positive Einstellung. Der Mensch ist bestimmt durch das, was er will. Kein Kunde an sich ist »schlecht«, keine Aufgabe »unmöglich«, kein Ereignis darauf angelegt, uns zu »ärgern«. Dies alles interpretieren wir hinein und empfinden uns als Opfer.

Andererseits können wir unsere Möglichkeiten wahrnehmen, positiv an Aufgaben herangehen. Wir haben die Wahl, das Glas halb voll oder halb leer zu sehen.

2. Service-Auftrag umsetzen, aber wie?

Baut man aber auf eine grundlegend positive Einstellung und beherzigt die Erfolgsfaktoren, wird das Leben leichter, interessanter und erfolgreicher. Es ist einen ernsthaften Versuch wert.

6	11	4
5	7	9
10	3	8

(Der magische Würfel: Jede Zahl kommt nur einmal vor, die Zeilen-, Spaltensummen und die Summen der Diagonalen sind identisch [3 × 7 = 21]. Kein Zauber, nur Berechnung . . .)

3 Die sieben Erfolgsgeheimnisse von Leadership: Wie man durch Führung erfolgreiche Veränderungen bewirkt

3.1 »JUMP« führt in die Veränderung

Das Projekt namens »JUMP« war für mich wie für einige andere ein Sprung in verschiedene abenteuerliche Erlebnisse im Zusammenhang mit Führung. Es war bei JUMP wie im richtigen Leben: Ohne Führung ging es nicht effizient und effektiv in Richtung Ziel. Und zur Zielerreichung sind erfolgreiche Veränderungen notwendig. Die Notwendigkeit folgt aus der permanenten Veränderung des Umfeldes, in dem wir uns (die Jumper, die Bank, jedes Unternehmen) befinden. Ohne die Veränderung, das heißt im Stillstand, werden wir nicht dauerhaft erfolgreich sein können. Führungskraft (als Energie) ist aber leider nicht durch Ernennung verliehen, sondern muss von jedem einzelnen geleistet werden. Führungsarbeit ist daher eine zentrale Dienstleistung, die erlernt sein will.

In diesem Artikel wird die Notwendigkeit von Führungsarbeit und die Möglichkeit durch Führung beschrieben und das auf Basis der gemachten Erfahrungen im Projekt JUMP. Der Zusammenhang von Führung, Veränderung und Erfolg wird dabei so verstanden, dass Führung Veränderung bewirkt und Veränderung der Führung bedarf. Und andererseits kann nur durch Veränderung Erfolg gewährleistet werden und Erfolg wieder zu Veränderung führen. Ohne Veränderung bleibt Erfolg auf Dauer aus und das Unternehmen verlässt – als letzte Veränderung – den Markt oder zumindest seine Unabhängigkeit. Mit Erfolg hingegen werden weiterführende Veränderungen erst möglich. Die Veränderung steht damit als Bindeglied zwischen der Führung und dem Erfolg:

3. Die sieben Erfolgsgeheimnisse von Leadership

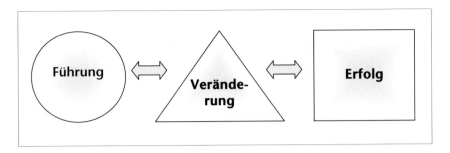

Die Veränderung begann durch die Partnerentscheidung, das Projekt JUMP zu initiieren. Dann begann die Veränderung für die Teilnehmer, deren Auswahl ein Geheimnis bleiben wird und die sich zum größten Teil erstmalig im Herbst 1997 trafen. Jetzt veränderte sich das Haus, und zwar in einer Weise, die keiner vorhersehen konnte, die aber für die Zukunft der Bank notwendig und den Nutzen unserer Kunden wertvoll ist.

Das Geheimnis dieser Veränderung ist Führung: Führung bedeutet, die Initiative zu ergreifen, gemeinsam vereinbarten Zielen entgegenzugehen und die Verantwortung dafür zu übernehmen. Die sieben Erfolgsgeheimnisse von Leadership, die im Folgenden gelüftet werden, sind subjektiv, insbesondere bezüglich ihrer Bezeichnung. Es sind sieben, weil das Wort Führung sieben Buchstaben hat:

F: Führungskraft (Zur Führung gehört die Kraft des Wollens)
Ü: Überlassen (Teilen und Zusammenführen)
H: Humor (Es muss Spaß machen)
R: Reporting (Information hält in Form)
U: Unternehmen (Das gemeinsame Unternehmen ist das Motiv)
N: Neugier (Neugier ist der Anfang von allem)
G: Glaube (Führung ist eine Glaubensfrage)

Natürlich ist diese Gedankenbrücke nur ein Konstrukt, das in die abstrakte Welt des Führens leiten soll. Es soll die gemachten Erfahrungen weitergeben und erklären. Dabei möge es deutlich werden, wie notwendig Führung für den erfolgreichen Anstoß zur Veränderung ist.

3.2 Die sieben Geheimnisse

Es beginnt mit der **Führungskraft,** die die Energiequelle darstellt, die auch die Kraft des Wollens ist, denn es beginnt tatsächlich mit dem Wollen. Der Wille ist sozusagen der erste Ausdruck von Kraft. Und was man will, muss man auch wieder **(los-)lassen** können, zum Beispiel um es mit anderen zu teilen. Spätestens an dritter Stelle steht der **Humor,** ohne den

C   Erkenntnisse aus der Projektarbeit

geht es zwar auch, aber wesentlich beschwerlicher und damit weniger effizient. Und um das Ziel nicht aus dem Blick zu verlieren und notwendige Reaktionen einleiten zu können, muss ein funktionierendes **Reporting** oder Informationsmanagement installiert werden. Der zentrale Punkt ist das **Unternehmen** selbst, nicht verstanden als Institution, sondern als Aufgabe, Produkt und Funktion. Das Unternehmen hat wiederum seinen Ausgangspunkt in der **Neugier**, die neben der Faulheit der zweitwichtigste Faktor für Effizienz ist. Der letzte Punkt stellt, wie in jedem vernetzten System, ebenfalls einen Anfang dar: der **Glaube**. Wenn man nicht dran glaubt, sollte man gleich die Finger davon lassen.

Noch ein Gedanke zu den Geheimnissen. Geheimnisse spalten die Menschen in die, die wissen, und die, die nicht wissen und für die es ein Geheimnis ist. Aber auch bekannte Dinge können quasi ein Geheimnis sein, zum Beispiel das Innenleben eines Computers. Eigentlich weiß man, wie er funktioniert, aber trotzdem ist es wunderbar oder zumindest geheimnisvoll. Insofern wäre eine Einteilung in die, die glauben, wie es geht, und die, die es nicht glauben, vielleicht treffender, aber zum Glaube komme ich noch.

Die hier beschriebenen Geheimnisse der Führung sind natürlich bekannt und werden wieder und wieder weitergegeben. Sie werden hier als Geheimnisse aufgeführt und behandelt, da ihre Wirkung geheimnisvoll ist: Es funktioniert, irgendwie weiß man auch warum und doch geht's nur hier und dort so richtig.

Jedes Mitglied im Projekt JUMP erhielt in der Bank die Chance, das Beschriebene zu erleben und daraus Erfahrungen zu ziehen. Im Folgenden beschreibe ich das, was ich für mich herausziehen konnte und mitteilen möchte. Die intensivste Lernphase war für mich dabei die Zeit in der Kerngruppe, dem 6-köpfigen Steuerungsgremium des Projektes, der ich in der Anfangsphase des Projektes bis zum Kick-Off im März 1998 angehörte.

Das Ziel

Die Zielsetzung des Projekts JUMP ist die Verbesserung der Servicequalität der Bank und damit eine bessere Kundenbindung und die langfristige Sicherung der Ertragskraft. Theoretisch betrachtet, handelt es sich lediglich um die langfristige Gewinnmaximierung. Und genauso theoretisch ist diese Gewinnmaximierung der Kern allen Wirtschaftens. Gewinnmaximierung wird erreicht, indem vorhandene Ressourcen in ihre effizienteste Verwendung geführt werden. Führung ist mithin der zentrale Faktor des Wirtschaftens. Der Unternehmer führt die Ressourcenverwendung. So verstanden, bedeutet »Geschäftsführer« eigentlich »Ressourcenführer«.

3. Die sieben Erfolgsgeheimnisse von Leadership

Dabei ist zu berücksichtigen, dass es im Wirtschaftsleben in der Regel kein eindeutiges Optimum gibt. Aufgrund der vernetzten und sich permanent wandelnden Bedingungen existieren immer mehrere Optima. Anders gesagt verändert sich dauernd der aktuelle Engpass im Unternehmen. Sind es beispielsweise erst das Kapital und die Finanzierung, so können es sehr schnell die technischen und die geistigen Ressourcen sein. Die Geschäftsführung muss permanent agieren und reagieren und dabei ertragsorientiert und engpasslösend wirken.

Im Projekt standen wir mit 30 interessierten Kollegen einem knappen Zeit- und Geldbudget und einer großen Aufgabe – also einer Reihe von Engpässen – gegenüber, zumal jeder von uns seinen eigentlichen Arbeitsplatz weiterhin ausfüllen wollte und sollte. Nicht ganz zufällig wird nun als erstes Geheimnis der Wille und die Kraft beschrieben.

Geheimnis Nr. 1: F wie Führungskraft oder: Zur Führung gehört die Kraft des Wollens

Wer führen will, muss sich selbst darüber im Klaren sein, dass dies heißt, sein Ziel kennen und seine Möglichkeiten einschätzen können. Das bedeutet aber auch, mit den Konsequenzen der eigenen Führung umzugehen. Wer ausruft »Mir nach!«, der sollte nämlich zum einen vorn stehen und außerdem nicht verwundert sein, wenn ihm einige nachlaufen. Es ist nicht einfach, sich aus einer Gruppe Gleichgestellter für die Führung zu entscheiden und vor die Gruppe – und damit aus der Gruppe heraus – zu treten und die Leitung für sich zu beanspruchen. Der so geäußerte Anspruch auf Führung bedeutet gleichzeitig immer auch einen Anspruch, den die Geführten an die Führung haben. Diese Erfahrung im JUMP-Projekt war für viele ein Erlebnis, das nahezu therapeutischen Charakter hatte: Man tut etwas Neues, vor dem man bisher scheute und erlebt, dass wider Erwarten keine Katastrophe, sondern eine neue, aber beherrschbare Situation eintritt.

Das Ergreifen der Führung ist schon die erste Tat der Führungskraft (als Person), denn es erfordert die Ahnung eines Engpasses und Notwendigkeit einer Aktion oder Reaktion. Die Führungskraft, getrieben durch den Führungswillen, verändert die Richtung und die Geschwindigkeit. Ohne den Willen wird aus Führungskraft (als Energie) nur der Führungswunsch, der nicht das Potenzial der Zielerreichung trägt und in Aktionismus und nur kurzfristig wirkende, hektische Richtungswechsel endet. Der Wille dagegen enthält das Können und findet neue Wege.

Unsere Fragestellung zu Beginn des Projekts lautete, wie übersetzen wir Servicequalität in eine greifbare Aufgabe und wie erkennen wir die Ver-

C   Erkenntnisse aus der Projektarbeit

besserung von Servicequalität. Die Begleitung und Unterstützung durch die Unternehmensberatung war dabei ein wichtiger Motor und Ideengeber. Die Unterscheidung der Kundenanforderungen in Basisanforderungen, in Leistungsanforderungen und Begeisterungsanforderungen half uns, das Ziel klarer zu sehen: Der Kunde soll nicht nur bedient werden, er soll langfristig an das Bankhaus gebunden werden und das ist mit Begeisterung zu schaffen.

Um Kunden langfristig an das Unternehmen zu binden, ist es notwendig, neue Wege zu finden und konsequent zu beschreiten. Häufige Richtungswechsel verunsichern nicht nur den Kunden, auch die Mannschaft verliert dadurch schnell die Orientierung. Auf allen Märkten, aber besonders auf dem Markt für Finanzdienstleistungen ist das Vertrauen der Kunden ein entscheidender Faktor. Sich als Kunde finanziell seiner Bank anzuvertrauen, bedeutet für ihn immer ein Risiko, ob bei der Finanzierung von Unternehmungen oder der Anlage von Vermögenswerten. Vermittelt die Bank nicht die notwendige Vertrauenswürdigkeit durch eine konsequente und professionelle Bereitstellung der Dienstleistung, so wird der Kunde bei der ersten – möglicherweise gar nicht durch die Bank verschuldeten – Störung den Kontakt einstellen.

Das Rampenlicht in der Führungsetage von JUMP war manchmal ganz schön, manchmal auch ganz schön drückend. Einerseits die erwartungsvollen Blicke der Mentoren, andererseits die kritischen Augen der JUMP-Kollegen, die nicht über jede Idee, Entscheidung und Maßnahme vollkommen entzückt waren. Aber der Wille, eine Richtung einzuschlagen und konsequent zu beschreiten statt stehen zu bleiben, gab oft genug die notwendige Kraft. Eine andere Kraftquelle war oft das Teilen großer Aufgabenbereiche bzw. das Überlassen, das als nächstes Geheimnis beschrieben wird.

Geheimnis Nr. 2: Ü wie Überlassen oder: Teilen und zusammenführen

Zeit ist bei jeder wirtschaftlichen Aktivität ein Engpassfaktor und daher ist paralleles Arbeiten notwendig zur Steigerung der Effizienz. Um bei verschiedenen parallel laufenden Prozessen schnell und flexibel agieren zu können, ist es wichtig, nicht nur fest definierte Befehle zu verteilen, sondern Aufgaben mit definierten Entscheidungsspielräumen (in zeitlicher, finanzieller und inhaltlicher Sicht) zu formulieren. Und das bedeutet eine Teilung der Führung in Unterprozesse, die je nach Größe des Projektes auch ein tatsächliches Loslassen durch den Leitenden bedeuten. Die Führungsaufgabe ist hierbei in erster Linie das Zusammenführen der parallel laufenden Aktivitäten. In der Vorbereitung des Kick-Off's hat

3. Die Mitarbeiter kommen zu Wort

sich im JUMP-Team immer wieder herausgestellt, wie wichtig in diesem Zusammenhang das Vertrauen in die jeweils anderen, parallel laufenden Projektteams ist.

Wir formulierten in der Startphase vier Teilprojekte in eigenverantwortlichen Gruppen mit den Themen Kundenbefragung, Mitarbeiterbefragung, Benchmarking und Vorbereitung der Kick-Off-Veranstaltung für alle Führungskräfte der Bank. Die vier Teilprojektleiter waren Mitglieder der Kerngruppe und erhielten von ihr die Aufgabenbeschreibung und Rahmenbedingungen, wie zum Beispiel Budget, Termine, Umfang der Kundenbefragung und ähnliches.

Und dabei stellt sich oft heraus, dass eine klare Zielvorgabe mit angemessenen Freiheitsgraden Freiraum für Kreativität schafft. Wenn das Ziel klar formuliert ist und der Weg frei gewählt werden kann, findet der (Sub-) Unternehmer immer wieder neue, dem Auftraggeber vorher nicht bekannte Wege. Auf diesen Wegen sind selbstständig Entscheidungen zu treffen, natürlich auch die, nach Zielkonformität beim Auftraggeber zu fragen, damit die verschiedenen Wege auch wieder zusammenführen. Jeder Einzelne im Unternehmen führt also nicht autonom, sondern gemeinsam und in Verpflichtung auf das vereinbarte Ziel hin.

Voraussetzung für diese Teilung der Führung ist die Vereinbarung von Zielen anstelle der Vorschrift oder des Befehls. Denn ein Befehl, der blind ausgeführt werden soll, kann aufgrund seiner Reaktionsunfähigkeit das Gegenteil seines Auftrages ausführen, und das ist schlimmer als zu versagen. Die Verantwortung zu teilen und zuzuteilen sowie Ergebnisse zu fordern, zu fördern und zusammenzuführen führt dazu, dass letztendlich zusammen geführt wird. Das Abgeben von Verantwortung ist eine Delegation von Führung und führt dazu, das jeder einen Teil führt. Als ich in der Kerngruppensitzung die Aufgabe erhielt, eine Mitarbeiterbefragung zu organisieren und durchzuführen, musste ich zunächst genügend Jumper für diese Aufgabe begeistern können und dann die Rahmenbedingungen erklären und vertreten, die von der Kerngruppe als Standards vorgegeben waren. In diesem Rahmen konnte dann die Umsetzung konzipiert werden, die der Kerngruppe zurückgemeldet wurde. Dass diese Meetings, Sitzungen, Besprechungen auch eine ganze Menge Spaß machten, ist kein Geheimnis. Aber dass dieser Spaß dabei sein muss, ist das Thema des nächsten Kapitels.

Geheimnis Nr. 3: H wie Humor oder: Es muss Spaß machen

Eines haben alle JUMP-Teilnehmer im Verlauf des Projektes gelernt: Ohne Spaß, ohne humorvolles Über-den-Tellerrand-der-Sachzwänge-

C   Erkenntnisse aus der Projektarbeit

Schauen, wäre es nicht gelaufen. Lachen über sich selbst, über das Team und über die Eigendynamik des Projekts ist notwendig, um der Ernsthaftigkeit einen Kontrast zu bieten. Es geht dabei um die Einstellung der Betroffenen und damit um den am schwersten zu steuernden Bereich in der Führung. Während Methoden und Abläufe noch relativ direkt zu organisieren und zu kontrollieren sind, ist das Verhalten und die Einstellung der Menschen durch eine Vielzahl von Faktoren beeinflusst. Dennoch wirken auch hier das Vorleben und Beispielgeben effektiv und eindrucksvoll. Durch Relativierung in Krisen- wie auch in Hochphasen kann die Leistungsfähigkeit und besonders die Leistungsbereitschaft im »grünen Bereich« gehalten werden. Außerdem kann man mit Lachen auch Angst behandeln und quasi abschütteln, denn Lachen verkleinert häufig die Probleme oder Hemmnisse.

Der Humor machte es auch leichter, im Projekt Entwicklungen oder Ergebnisse festzustellen, die wir im Live-Betrieb schon kannten oder zumindest erkannt zu haben glaubten. Da gab es Entscheidungen der Kerngruppen, die in ihrer Qualität an Partnerentscheidungen erinnerten oder eine Autonomie/Resistenz der Basis, die auch im Alltag schon erlebt wurde.

Dieser freundliche und humorvolle Umgang miteinander hat sich bereits deutlich im Tagesgeschehen der Bank eingebürgert. Die 30 Jumper haben in den zum Teil veränderten Verantwortungsbereichen einen neuen Umgangsstil, der erfrischend und konstruktiv ist. Der Humor hat die wunderbare Eigenschaft, nicht distanzlos oder diffamierend zu sein. Vielmehr verbindet und verbündet er im Streben nach gemeinsamen Zielen. Die Gemeinsamkeit, die durch den Humor erzeugt werden kann, muss immer mit Inhalten gefüllt werden, damit der Humor nicht in Albernheit endet. Und dazu – wie im nächsten Kapitel enthüllt wird – gehört Information.

Geheimnis Nr. 4:   R wie Reporting oder: Information hält in Form

Reporting bedeutet hier Informationsmanagement und ist eine Kommunikationsaufgabe. Information ist ein bedeutender Produktionsfaktor. Wichtig ist in diesem Zusammenhang, zwischen Daten und Informationen zu unterscheiden. Durch die technische Entwicklung ist es einerseits relativ unproblematisch, eine Fülle von Daten aktuell bereitzustellen. Andererseits vermindert sich mit dem Wachstum an Daten der Anteil der entscheidungsrelevanten Informationen. Es geht beim Informieren nicht mehr nur um das quantitative Weitergeben von Informationen, sondern um eine qualitative Verteilung. Diese qualitative Informationsverteilung befindet sich in einem Dilemma: Einerseits wächst der Informationsbe-

3. Die sieben Erfolgsgeheimnisse von Leadership

darf in Breite und Tiefe, je höher entwickelt das zu beliefernde System ist. Andererseits hängt die Brauchbarkeit der Information von ihrer Aktualität, Verständlichkeit und Relevanz ab. Die Führungsaufgabe beginnt daher mit der Auswahl und der Verteilung der Information. Dies ist das Spannungsfeld von Transparenz einerseits und Reduktion von Komplexität andererseits.

Unsere Lösung dieses Dilemmas war erstens das regelmäßige Treffen und Berichten von Projektständen. Einmal pro Monat traf sich die Kerngruppe. Zur Vorbereitung holte jedes Kerngruppenmitglied Fragen, Anregungen und Befindlichkeiten von der Basis ab und berichtete in der Nachbereitung über Entscheidungen, Zwischenergebnisse und Lösungen. Technisch wurde die Kommunikation im gesamten Projekt durch die elektronische Post (E-Mail) unterstützt. Es wurde ein Informationsforum eingerichtet, in das jeder seine Meinung und Stellungnahme eingeben und die der anderen abfragen konnte. Dieses Forum wurde allerdings nur für JUMP-Mitglieder geöffnet, um einen geschützten Raum und eine gewisse Vertraulichkeit zu garantieren. Dieses Medium wird mittlerweile bankweit eingesetzt und intensiv genutzt, anfängliche Aversionen sind längst den unbestreitbaren Vorteilen erlegen. In einzelnen Niederlassungen wurden regelmäßige wöchentliche Treffen vereinbart, deren Inhalt und zeitliche Länge ganz den Umständen und Notwendigkeiten angepasst wurden. Die wöchentlichen Treffen sind in einigen Abteilungen der Bank heute ein ganz normales Instrument der Kommunikation geworden.

Information hängt ganz eng mit Motivation zusammen. Bei fehlender Information schwindet die Transparenz über Wirkungen, Zusammenhänge und die Zielkonformität einzelner Entscheidungen. Die Offenheit ermöglicht eine Art Objektivität, die Zielklarheit bedeutet. Bei Informationsüberfluss erschlägt die Komplexität der Umwelt und werden Motive undeutlich – schließlich schwindet die Motivation. Auch hier spielt Angst eine gewisse Rolle, denn komplexe Zusammenhänge bieten wenig Halt und wirken unbeherrschbar, machen Angst. Transparenz dagegen zeigt den roten Faden, den Weg oder die Wege in Richtung Ziel und Fixpunkte, die eine Orientierung zeigen. Damit wird ein Vergleich zwischen Zielvereinbarung und Zielerreichung möglich und der Ressourceneinsatz planbar. Eine Disziplinierung beim Informationsverhalten muss gelernt werden und das führt auch zu Streitpunkten. Diese sind Voraussetzung für offene und klare Kommunikation.

Die Ergebnisinformation aus der Kunden- und Mitarbeiterbefragung, die in den Teilprojekten »Intensivierung des Kundenkontaktes« und »Intensivierung des internen Service« als Ausgangspunkt verwendet wurden, war

C   Erkenntnisse aus der Projektarbeit

unser erstes Praxisbeispiel der offenen Kommunikation außerhalb des Projektes JUMP. In den genannten Teilprojekten wurde für jede interne Serviceabteilung ein Leistungskatalog erstellt, der den (internen) Kunden zu Beurteilung vorgelegt wurde. Für viele Abteilungen waren diese Workshops die ersten Abteilungstreffen überhaupt. Und das hatte nicht selten den Erfolg, dass sich einzelne Mitarbeiter überhaupt im Gesamtbankkontext wahrgenommen fühlten – womit wir wieder bei der Motivation wären. Gleichwohl darf der Bereich Kommunikation, insbesondere innerhalb von JUMP, nicht als uneingeschränkt erfolgreich gewertet werden. Die starke Belastung der Bank durch EDV-technische Veränderungen, ausgelöst unter anderem durch die EURO-Einführung und die Vorbereitungen auf das Jahr 2000, wirkten sich negativ auf das Informations- und Kommunikationsverhalten im Projekt aus. Aber eines der Konstruktionsmerkmale von JUMP war es schließlich, im ganz normalen Unternehmensalltag etwas Ungewöhnliches voranzutreiben, es sollte keine Laborsituation hergestellt werden, die nämlich nie in dem Maße motiviert hätte, wie wir es erlebt haben. Das Unternehmen und die daraus sich ergebende Motivation wird nun im 5. Geheimnis beschrieben.

Geheimnis Nr. 5: U wie Unternehmen oder:
Das gemeinsame Unternehmen ist das Motiv

Der Unternehmer ist der »Kümmerer«, derjenige, der sich um sein Unternehmen kümmert. Was hier als Unternehmen verstanden wird, ist die Aufgabe. Die Aufgabe kann ein Projekt sein, genauso wie die Arbeit in einer Abteilung, mit ihren Funktionen oder Marktsegmenten, die bearbeitet werden. Der Kümmerer ist der Herdenhund im Projekt. Er muss ständig an allen Stellen verfügbar sein, Zeit und Ideen haben und sehen, dass das Projekt läuft, der Schwung nicht verloren geht, sondern an die nächste Stelle weitergetragen wird. Die nächste Stelle sollte dabei möglichst der aktuelle Engpass im Unternehmen sein. Der Kümmerer ist der Verantwortliche, ihm wird das Projekt anvertraut, er kümmert sich um den Fortgang und ist der erste Ansprechpartner für alle Fragen, die an das Projekt getragen werden. Die Projektleitung stellt durch das Kümmern sicher, dass Kummer ausbleibt.

Kümmern bedeutet gleichzeitig viel Zeit einzusetzen. Kümmern ist zeit- und arbeitsintensiv und deshalb teuer, oder besser formuliert: wertvoll. Das Kümmern an sich ist Wertschöpfung, da es die im Projekt Schaffenden so führt, dass die effizienteste Ressourcenverwendung sichergestellt ist.

In einer Vielzahl von Artikeln und Büchern über Führung und Management wird davon gesprochen, dass Mitarbeiter motiviert werden müssen,

3. Die sieben Erfolgsgeheimnisse von Leadership

wenn ein Ziel erreicht werden soll. Meines Erachtens liegt das Geheimnis aber darin, Menschen ein Motiv zu geben und dann darauf zu achten, dass das Führungsverhalten nicht demotiviert. Dahinter steht die Idee, dass Menschen sich selbst motivieren, sobald ein lohnendes Motiv gegeben ist. Aber »lohnend« meint nicht nur die Lohntüte, sondern auch die Möglichkeit, die eigenen Fähigkeiten und Wünsche in Taten umzusetzen und Werte zu schaffen. Dies ist für den Schaffenden nicht nur eine Selbstverwirklichung und Befriedigung, es ist zugleich die effektivste Ausbeutung der Ressource Mensch. Ausbeutung kann hier nur positiv verstanden werden, denn es handelt sich nicht um Ausbeutung anderer, sondern um den vollen Einsatz der eigenen Fähigkeiten und die Erzielung des intrinsischen Nutzens. Der schon von Adam Smith beschriebene Bäcker, der schließlich auch nicht aus Nächstenliebe das beste Brot der Stadt backen will, steht hier Pate. Vielmehr geht es diesem Bäcker (und jedem im Projekt JUMP sowieso) um den eigenen Gewinn – bei JUMP war es für die Teilnehmer die Erfahrung von Führungsarbeit und die Möglichkeit, in der Bank Dinge anzufassen und loszutreten, an die die meisten sonst nie herangekommen wären.

Nicht selten hatten wir in der Kerngruppe Zweifel, ob die Vorhaben nicht zu gewagt oder übertrieben sein könnten. Würden die Partner einer Kundenbefragung zustimmen? Wie würde die Beteiligung an der Mitarbeiterbefragung ausfallen? Kann man den Führungskräften einen derartigen Kick-Off zutrauen oder verstößt man dabei gegen ungeschriebene Gesetze? Wann müssen wir einen unserer Mentoren in unsere Vorhaben und Unternehmungen einbeziehen? Nicht zu unterschätzen ist der Effekt der interdisziplinären Zusammenarbeit im JUMP-Team. Die Teilnehmer kamen aus allen Bereichen der Bank, aus Stabsabteilungen, der Kundenberatung und den Handelsbereichen. Dadurch trafen auch ganz unterschiedliche Sichtweisen auf das Bankhaus zusammen und relativierten sich gegenseitig. Und das Ergebnis dieser gemeinsamen Unternehmung JUMP war dementsprechend auch, dass die verschiedenen Fähigkeiten und Ansichten sich zu einem sehr differenzierten Bild zusammensetzten. Durch die Vorgabe des gemeinsamen Zieles Servicequalität war die Gruppe zunächst »eingenordet«. Die weitere Motivation wurde durch die Vereinbarung von Zielen innerhalb des Teams sichergestellt. Die Gefahr der Demotivierung besteht immer dann, wenn die Ziele nicht vereinbart, sondern befohlen werden. Wenn keine Freiheitsgrade bei der Erfüllung der Aufgabe erkennbar bleiben. Das ist der Punkt, an dem die Wirkung des Einzelnen nicht mehr erkennbar ist und der dann das Interesse verlieren muss. Dieses Interesse drückt genau das aus, was im folgenden Kapitel über die Neugier am Beginn einer jeden Unternehmung steht.

C Erkenntnisse aus der Projektarbeit

Geheimnis Nr. 6: N wie Neugier oder: Neugier ist der Anfang von allem

Neugier ist eine der Triebfedern des Lebens und des Wirtschaftens. Neugier schafft neue Produkte, neue Lösungen und neue Wege. Neugier findet auch Probleme und Engpässe, die von anderen verdeckt wurden. Neugier kann ziemlich arbeitsintensiv und penetrant sein. In unserem Projekt beschäftigte sich die Neugier insbesondere mit der Herstellung und Qualität von Service. Was ist Service? Wodurch entsteht Service? Wer beurteilt den Service wie? Wir haben Kunden und Mitarbeiter befragt. Die Gier, etwas Neues zu entdecken ging aber weiter. Die große Kick-Off-Veranstaltung stellte verdiente Manager an den Herd und ließ sie Kartoffeln schälen, es wurden auf dem Boden Bilder gemalt und auf zerschnipselten Landkarten Wege gesucht. Die Neugier kann im besten Fall auch ansteckend wirken.

Das JUMP-Team nahm die Herausforderung an, die in diesem Projekt von Anfang an steckte. Und die Triebfeder war nicht zuletzt Neugier. Keiner wusste, was uns konkret erwartet, und entsprechend abwartend war zunächst auch der Anfang. Um die Neugier unserer Auftraggeber – speziell der beiden Mentoren – zu stillen, wurde dann kurzfristig der konzeptionelle Rahmen der Projektarbeit umrissen. Unsere Neugier bei der Konzeption des Kick-Off's bestand darin, herauszufinden, wie es der Bank und ihren Führungskräften bekommt, wenn sie vor neue und direkt mit Service verbundene Herausforderungen gestellt werden, wenn wir ganz frech die Ordnung in Frage stellen oder die Rollen vertauschen.

Neugier kann nicht verordnet, aber durch Führung ermöglicht werden. Dazu sind die schon mehrfach angesprochenen Freiräume und Eigenverantwortlichkeit notwendig. Denn nur dann, wenn die Möglichkeit, neue Wege zu beschreiten, gegeben wird, wird auch danach gesucht. Diese in der persönlichen Einstellung des Einzelnen liegenden Faktoren wie Neugier, Wissensdurst, Erfindungsgeist oder Motivation sind in großem Maße kulturabhängig, können kaum von außen erzeugt werden, wohl aber gehemmt und verdrängt. Daher ist die Schaffung und Gewährung von Freiräumen im Rahmen klarer Zielvorgaben und Nebenbedingungen eine grundlegende Voraussetzung für den Erfolg des Teams.

Es ist dabei zu beachten, welche Zielrichtung die Neugier hat. Der Wissensdurst, der ein Verschulden eines anderen oder den Fehler in der Vergangenheit sucht, ist kontraproduktiv. Die hier beschriebene Neugier muss sich auf ein »Neu« in Bezug auf die Lösung beziehen. Nicht die Neuigkeit für den Einzelnen, sondern der neue Weg in der Leistungserstellung ist entscheidend. Wir sind im Projekt JUMP immer davon ausgegangen, dass die Lösungen für einzelne Abteilungen nicht von uns gefunden werden können, sondern nur von den Betroffenen selbst. Unser »Job« dabei war, die Neugier zu wecken bzw. die Notwendigkeit sichtbar zu machen, nach neuen Lösungen für die Bereitstellung von begeisterungsfähigen Dienstleistungen zu suchen. Und diese Neugier war mit der Kundenbefragung und deren Auswertung geweckt. Die Ergebnisse waren für die meisten Mitarbeiter überraschend und für die wenigsten beruhigend. Was dann im Laufe des Jahres 1998 – zumeist technisch bedingt – den Kunden zugemutet wurde, benötigte nicht einmal mehr Neugier, um mit der Verbesserung der Servicequalität einen Anfang zu machen. Vielmehr spielte seither der Glaube an die Möglichkeiten und Verbesserungen eine bedeutendere Rolle. Der Zusammenhang von Glaube und Führung ist Inhalt des letzten Geheimnisses.

Geheimnis Nr. 7: G wie Glauben oder: Führung ist eine Glaubensfrage

Das letzte Geheimnis könnte gut das erste sein: Der Glaube. Glaube kann Berge versetzen, denn er setzt Kräfte frei. Und Kraft ist zur Führung unabdingbar. Glaube kann auch nur durch Phantasie existieren, die erst neue Wege ermöglicht. Wer führt, kann sich nicht allein auf Wissen stützen, zumal zunehmendes Wissen zwangsläufig zu mehr Zweifel führt und nicht sicherer macht. Basis muss stets der Glaube an die Erreichbarkeit der Zielvereinbarung und die Zielrichtung des gewählten Weges sein. So wie Wissen automatisch Zweifel erzeugt, so erzeugt Glaube automatisch Hoffnung. Und Hoffnung ist wiederum mit Vertrauen verbunden, einem besonders wichtigen Element der Führung. Ohne das Vertrauen, das die Partner in das Projekt und die Projektteilnehmer gesetzt haben, wäre es nie losgegangen. Und genauso zog es sich durch die Projektarbeit. Nicht immer wusste das JUMP-Team, was es im Ergebnis erreichen wird, aber der Glaube war – bis auf wenige Ausnahmen – da und die Hoffnung wurde belohnt.

Die Phantasie, dass die 30 jüngeren Mitarbeiter der Bank Veränderungen in Gang bringen, zu denen die in der Organisation ernannten Führungskräfte nicht in der Lage waren – wohl aber fähig wären –, war schließlich die Kraft, die das Projekt JUMP starten ließ. Und der Glaube, das zu schaffen, war eine Triebfeder der Jumper.

Nachdem die Partner unserem Vorhaben einer Kick-Off-Veranstaltung für alle Führungskräfte und Prokuristen der Bank zugestimmt (und vertraut) hatten, war klar, wo es hinführen sollte: Die Kick-Off-Veranstaltung Ende März 1998 sollte die Notwendigkeiten und Chancen eines Veränderungsprozesses den Teilnehmern erlebbar mitteilen und den Prozess dadurch anstoßen. Unterlegt durch ausgewertete Kunden- und Mit-

C   Erkenntnisse aus der Projektarbeit

arbeiterbefragungen und Erfahrungen aus dem Benchmarking mit branchenfremden Dienstleistern.

3.3 Die Veränderung geht weiter

JUMP führte in die Veränderung und die lässt sich nicht aufhalten. Wenn 30 Menschen in einem Unternehmen mit 370 Mitarbeitern in Schwingung gebracht werden, dann hält es nur wenige auf ihrem Platz. Die Reaktionen sind selbstverständlich ganz unterschiedlich, die einen gehen mit, mal mehr mal weniger. Andere halten um so hartnäckiger an alten Methoden und Abläufen fest und bewahren viele gute Erfahrungen. Doch war mit der Gruppe der Jumper eine kritische Masse erreicht worden. Es ist nicht messbar, wie wertvoll diese neue Erfahrung für jeden Einzelnen und für die Bank ist, aber umkehrbar ist die Entwicklung auch nicht.

Einige der Jumper haben noch lang vor dem Abschluss der 18-monatigen Projektzeit das Bankhaus verlassen. Sei es als Reaktion auf die erworbenen Erkenntnisse oder als Reaktion der Bank auf die neue Kraft. Andere sind ihrerseits in die Führungsetage der Bank aufgestiegen – was nach dem Vorgesagten ja nicht mit der hierarchischen Einordnung in Zusammenhang stehen muss. Für mich war es ein Haufen bedeutsamer Erfahrungen, die ich nicht missen möchte, weder persönlich noch fachlich – was allerdings auch nicht zu trennen ist.

4 Protokoll eines Veränderungsprozesses. Aus dem Tagebuch eines Mentors

Seit über tausend Jahren leben wir mit dem geflügelten Wort, das Kaiser Lothar I. zugeschrieben wird: »Tempora mutantur, et nos mutamur in illis – Die Zeiten ändern sich und wir uns in ihnen«. Inzwischen gehört es zu den Binsenweisheiten, dass sich die Welt noch nie so rasch verändert hat, wie in unseren Tagen. Dieser rasante Wandel macht vor keiner Haustür halt, natürlich auch nicht vor der einer Privatbank. Für das Haus ist es eine besondere Herausforderung, die Bewahrung der Tradition beständiger Prinzipien mit der Flexibilität moderner Veränderungsprozesse in Einklang zu bringen.

Die Wandlungen im Berufsfeld und im Anforderungsprofil der Bankkaufleute sind tiefgreifend. Der Wettbewerb unter den Finanzinstituten ist härter geworden. Den sinkenden Zinsmargen und Provisionssätzen stehen steigende Betriebskosten und Leistungsansprüche der Kunden gegenüber. Hinzu kommt ein immer dichter werdendes Netz ständig neuer Regulierungsbestimmungen der staatlichen Aufsicht. In diesem Umfeld müssen die Banker von heute rascher als früher üblich lernen, mit Hilfe moderner Informationsverarbeitungstechnik schneller, beweglicher, präziser und kommunikativer zu werden.

Angesichts dieser Trends war uns schon vor vielen Jahren klar geworden, dass von allen Stellschrauben in unserem Unternehmen die Personalentwicklung am bedeutungsvollsten ist. Wir organisierten deshalb für die erste und zweite Führungsebene Seminare, Workshops und Wochenendtagungen, um kooperativen Führungsstil, Moderation, Präsentation sowie Organisationsentwicklungsprozesse theoretisch zu lernen und praktisch zu trainieren. Die schwer messbaren Erfolge dieser Maßnahmen überzeugten uns jedoch nicht so ganz, zumal unser Führungscorps zunehmend skeptisch, teilweise und zunehmend sogar offen ablehnend auf derartige Schulungen reagierte.

Anfang 1997 machte der für das Personalressort zuständige Partner einen erneuten Vorstoß. Beim Jahrestreffen mit den leitenden Mitarbeitern der Bank am 7./8. März in Mayschoß an der Ahr präsentierte er eine eingehende Analyse unseres Personals mit Vergleichszahlen zu anderen Banken. Er beschrieb und bewertete Lebensalter, Betriebszugehörigkeit, allgemeine und akademische Bildung, Berufsausbildung, Sprachkenntnisse,

C Erkenntnisse aus der Projektarbeit

Weiterbildungsintensität, Anteil außertariflicher Angestellter und Personalkosten bzw. Einkommensverhältnisse der Mitarbeiter. Sein Fazit war, dass wir mehr für die fachliche Qualifizierung und Führungsfähigkeit unserer Mitarbeiter tun müssten und versprach, in Kürze mit entsprechenden konkreten Vorschlägen aufzuwarten.

Einige Wochen später wurde der Bank der Berater vorgestellt, ein Unternehmensberater, der sich auf die Begleitung von Personalentwicklungsmaßnahmen spezialisiert hat. In zwei Meetings in Berlin und Köln klärten wir mit ihm zusammen ab, dass Weiterentwicklungsmaßnahmen in Unternehmen nur dann zu positiven Ergebnissen führen, wenn zwei Voraussetzungen erfüllt sind: Die Geschäftsleitung muss sie geschlossen tragen und aktiv vertreten und die Teilnehmer müssen in ihnen einen Nutzen für sich selbst erblicken. Daraus leiteten wir ab, dass unsere Abteilungsleiter wahrscheinlich nicht der geeignete Personenkreis sind, um den erstrebenswerten Wandel der Betriebskultur herbeizuführen. Die meisten von ihnen meinten nämlich, ihre Fach- und Sozialkompetenz entspreche voll den Anforderungen, sie hätten im übrigen auch keine Zeit für Schulungen und vor allem schlechte Erinnerungen an frühere Seminarveranstaltungen im Hause.

Wir beschlossen deshalb, einen Kreis von 30 jüngeren Nachwuchskräften aus allen Niederlassungen zur Teilnahme an einem Projekt einzuladen, das die Verbesserung der Servicequalität unserer Bank in den Mittelpunkt stellte. Es sollte zudem zur positiven Veränderung unserer Unternehmenskultur beitragen, die Betriebseffizienz (Ertragskraft) steigern und den Teilnehmern Führungsfähigkeiten vermitteln. Das Programm wurde auf eine Laufzeit von achtzehn Monaten abgestellt. Am Ende sollten messbare Ergebnisse zu Tage treten. Etwa die Hälfte des erforderlichen Zeitaufwandes sollte in der Freizeit der Mitarbeiter stattfinden. Die direkten Aufwendungen der Bank sollten insgesamt TDM 460 nicht überschreiten. Im August 1997 wurde ein entsprechender Partnerbeschluss gefasst.

Der Start des Projekts erfolgte am Samstag, dem 20. 9. 1997, im Renaissance Hotel in Köln. Die Stimmung der Teilnehmer war aufgekratzt, die Moderation locker, die Engagementbereitschaft unseres jungen Teams hoch. Fast alle schienen begeistert bei der Sache zu sein. Nur ein oder zwei Nörgler (»Warum muss ich hier mitmachen?«) traten in Erscheinung. Ebenso gab es aber auch ein gewisses Grummeln seitens einiger Mitarbeiter im Hause, die traurig waren, nicht eingeladen worden zu sein. Beschlossen wurde, einen ersten Lenkungsausschuss von sechs Teilnehmern zu bilden, der sich den Namen »Kerngruppe I« gab. Er sollte die erste Phase des Gesamtprojekts bis zum März 1998 steuern.

4. Protokoll eines Veränderungsprozesses

Als Aufgabe für diese erste Phase des Gesamtprojekts legte die Kerngruppe I in der Folgezeit fest, den Ist-Zustand der Servicequalität in der Bank zu ermitteln. Dies wollte sie mit Hilfe einer Kundenbefragung, einer Mitarbeiterbefragung und der Festlegung von Qualitätsstandards (»Benchmarking«) erreichen. Sie bildete separate Teams für die drei Teilprojekte und legte gleichzeitig eine Kommunikationsstrategie gegenüber der Gesamtbelegschaft fest, die in Gruppenpräsentationen für Führungskräfte und regelmäßigen Berichten in der Mitarbeiterzeitschrift bestand. Die Teilnehmer beschlossen zudem, dem Gesamtprojekt den Namen »JUMP« zu geben.

Als mir die Agenda der »Jumper« vorgelegt wurde, galt es abzuschätzen, wie meine Partner, die leitenden Angestellten und die Belegschaft insgesamt diese Aktivitäten aufnehmen würden. Klar war für mich, dass die »Jumper« das interne Marketing im Wesentlichen aus eigener Überzeugungskraft bewältigen mussten. Mein Partner und ich hatten als Mentoren aber auch sicherzustellen, dass die Geschäftsleitung ständig voll informiert blieb und sich nicht einzelne Partner vom Projekt distanzierten. Allen im Hause, speziell den JUMP-Teilnehmern, war natürlich von Anfang an klar, dass es offene und versteckte Widerstände geben würde:

»Wir haben doch erst vor kurzem eine Befragung bei Privatkunden durchgeführt. Was soll das? Wir dürfen uns nicht blamieren.«

»Wir haben derzeit so viel zu tun, dass die ›Jumper‹ im Tagesgeschäft gebraucht werden. Wir haben keine Zeit für solche Übungen.«

»Was können denn die Jungen zur Verbesserung der Servicequalität beitragen? Sollen die uns beibringen, wie eine Bank geführt wird? Was haben die Chefs sich bloß gedacht?«

Gott sei Dank war es nicht schwierig, die Unterstützung aller Partner für den Fortgang des Projekts zu erhalten.

Kurze Zeit später kam das nächste Petitum der »Jumper«. Sie stellten den Antrag, ihr Projekt und das Thema »Verbesserung der Servicequalität« in den Mittelpunkt der Jahrestagung mit den leitenden Angestellten der Bank, die im Frühjahr 1998 in Bad Breisig stattfinden sollte, zu stellen. Die »Jumper« wollten die Organisation und den Ablauf dieser eineinhalb Tage völlig in die eigenen Hände nehmen und auch alle dabei sein. Nach anfänglichem Zögern beschlossen wir, dass wir dem Vorschlag der »Jumper« entsprechen sollten. Wir erklärten uns auch gerne bereit, dabei zu helfen, dieses Vorhaben den leitenden Mitarbeitern der Bank in allen Niederlassungen zu erläutern. Wir haben diesen Beschluss keinen Augenblick bereut. Denn Bad Breisig wurde ein eindrucksvoller Erfolg.

C Erkenntnisse aus der Projektarbeit

Der Japaner Minoru Tominaga hielt einen amüsanten, teilweise provokanten Vortrag über Servicemängel in deutschen Dienstleistungsbranchen mit farbigen Beispielen aus Kaufhäusern, Restaurants und Banken. Ein »Speaker's Corner« wurde eingerichtet, wo alle Tagungsteilnehmer Beanstandungen über »Sand im Getriebe« loswerden konnten. Workshops wurden durchgeführt, in denen unter der bereits erlernten und gekonnten Moderation unserer »Jumper« Servicelücken im eigenen Hause gesammelt und verdichtet wurden. Am Abend fand auf Schloss Arensburg ein Fest statt, wie es unser Haus bis dahin nicht erlebt hatte. Alle Teilnehmer wirkten aktiv als Köche, Kellner und Künstler mit und erlebten miteinander ein Gemeinschaftsgefühl besonderer Art. Der Geist von Bad Breisig war geboren. Die »Jumper« hatten sich Respekt erworben und neue Motivation für den weiteren Fortgang des Projekts erarbeitet.

Nach Bad Breisig ging die Lenkungsfunktion im JUMP-Projekt an das nächste Team, die Kerngruppe II, über. Sie stellte sich die Aufgabe, in der Zeit von März bis August 1998 Aktivitäten vorzubereiten, die geeignet waren, alle Mitarbeiter der Bank in den Entwicklungsprozess »Erhöhung der Servicequalität« einzubeziehen.

Sie beschlossen wieder, separate Teams mit der Konzeptionierung der nächsten Aktivitäten zu betrauen:

Intensivierung des Kundenkontaktes

Intensivierung des internen Service

Monitoring zur Messung des Verbesserungsprozesses.

Gleichzeitig erarbeitete die Kerngruppe II wieder eine Kommunikationsstrategie für diese Phase. Das Resultat ihrer Planungsarbeit fand Eingang in eine erneute Partnervorlage, die nach vorausgegangenen Abstimmungen mit den Mentoren und daraus folgenden Korrekturen und Ergänzungen im August 1998 genehmigt wurde.

Die darauf folgende dritte Phase der Umsetzung wurde für den Zeitraum August bis Dezember 1998 festgelegt und von der Kerngruppe III koordiniert. Die »Jumper« waren davon überzeugt, dass die geplanten Workshops auf erheblichen Widerstand stoßen würden. Immerhin hatten wir im Mai 1998 eine tiefgreifende EDV-Umstellung durchgeführt, die das ganze Haus einem enormen Stress aussetzte, dessen Ende noch nicht im Entferntesten abzusehen war. Im Laufe des Monats September 1998 unterstützte ich die »Jumper« aktiv bei ihren Präsentationen über den Ablauf der einzelnen Workshops in Frankfurt, Köln, Hamburg und Aachen. Mein Co-Mentor tat das gleiche in Berlin und München. Zu diesen Anlässen war jeweils die gesamte Belegschaft der Niederlassungen eingeladen. Die Kerngruppe III hatte sich überlegt, dass es hilfreich sein könnte, bei diesen Zusammenkünften Bilder auszustellen, die im Frühjahr in Bad Breisig für den Festabend gemalt worden waren und den »Geist von Bad Breisig« repräsentierten.

So gelang es tatsächlich, dass im Oktober und November 1998 in allen sechs Niederlassungen der Bank die geplanten Workshops durchgeführt wurden. Lediglich die Mitarbeiter unserer Organisationsabteilung, die nach wie vor als Reparaturkolonne für das neue EDV-System im permanenten Einsatz waren, bekamen vorläufigen Dispens.

In wohl vorstrukturierten, etwa dreistündigen Sessions sammelten die Firmen- und die Privatkundenbetreuer unter der Moderation von »Jumpern« Anregungen für die Intensivierung des Kundenkontaktes (IdKK). Die »Jumper« hatten die Ergebnisse der Kunden- und Mitarbeiterbefragung sowie die Beanstandungssammlung von Bad Breisig hierbei ausgewertet parat. Die Ideen wurden zu etwa drei oder vier Beschlüssen verdichtet. Es sollte ganz klar sein, was in den nächsten wenigen Wochen an Verbesserungen tatsächlich durchgeführt werden sollte. Entsprechendes taten die Frankfurter Händler und Berater, die im laufenden Kundenkontakt stehen.

Parallel dazu kamen die jeweils sechs- bis neunköpfigen Service-, Stabs- und Abwicklungsteams des Hauses zu ihren Workshops zusammen und entwickelten ihrerseits Aktionsprogramme für eine kurzfristig wirksame Intensivierung des Internen Service (IdiS). Auch hier dienten die vorausgegangenen Befragungen als Ideenstütze.

Dieser Abschnitt des Projekts enthielt schließlich noch den Aspekt »Monitoring«. Man war nämlich im »JUMP-Team« zu der Erkenntnis gekommen, dass Beschlüsse nicht nachhaltig fruchten, wenn sie nicht auch kontrolliert werden. Dazu hatten die »Jumper« während der Vorbereitungszeit im Sommer Methoden erarbeitet, die in die Workshops mit eingebracht wurden.

Für den Schlussgalopp, der in der Zeit von Dezember 1998 bis April 1999 fiel, trat nun die Kerngruppe IV auf den Plan. Damit hatten alle Projektteilnehmer die Chance, Einigungs-, Überzeugungs- und Durchsetzungsarbeit praktisch zu üben.

Sie setzten sich das Ziel, in dieser Zeitspanne in allen Kunden- und internen Abteilungen Wiederholungsworkshops durchzuführen. Dabei sollte geklärt werden, welche Verbesserungen nun tatsächlich erreicht worden waren. Gleichzeitig sollte festgehalten werden, was nicht gelungen ist und welche Gründe dafür ausschlaggebend waren.

C Erkenntnisse aus der Projektarbeit

Die Kerngruppe IV und das JUMP-Team insgesamt hatten sich als großes Ziel vorgenommen, die Verbesserung der Servicequalität nicht mit dem Abschluss des JUMP-Projekts einschlafen zu lassen. Sie wollten einen Weg finden und aufzeigen, der die Perpetuierung des entsprechenden Denkens und Handelns sicherstellt und zu einem festen Bestandteil der Unternehmenskultur macht. Nach meinem Eindruck ist dies den »Jumpern« gelungen.

Die Projektteilnehmer haben theoretisch und praktisch viel gelernt. Ihre Präsentationen sind klar gegliedert, ihre meist gute Laune ist ansteckend und inspirierend. Ihre Ablaufbegleitung ist logisch aufgebaut und schlüssig, ihre Feedback-Schleifen verhindern Isolierungen und Blockaden. Das ganze Haus ist enger zusammengerückt und sich seiner noch längst nicht ausgeschöpften Potenziale bewusster geworden.

Erneuerungsprozesse haben viel von ihrem Schrecken verloren. Die Macht der Erfahrung und der Erfahrenen ist an vielen Stellen ohne Demontage von Personen relativiert worden.

Natürlich sind wir damit noch lange nicht am Ziel. Hoffentlich werden wir das nie sein. Auch wenn wir in einigen Jahren das 300jährige Firmenjubiläum feiern, wollen wir optimistisch, jung und dynamisch nach vorne blicken, unsere Nischen nutzen und erfolgreich sein. Auch dann und darüber hinaus wird gelten:

»*Tempora mutantur et nos mutamur in illis.*«

Literaturverzeichnis

Bass, B. M. (1986): Charisma entwickeln und zielführend einsetzen, Verlag Moderne Industrie, Landsberg/Lech.

Becker, Fred (1991): Potenzialbeurteilung – eine kafkaeske Komödie!?, in: Zeitschrift für Personalforschung, 5. Jg., Heft 1/1991, S. 63 ff.

Bennis, W./Parikh, J./Lessem, R. (1994): Beyond Leadership: balancing economics, ethics and ecologie, Basil Blackwell Ltd., Cambridge (Mass.), Oxford.

Bolmann, L.G./Deal, T. E. (1994): Leading with soul: an uncommon journey of spirit, Jossey-Bass Publishers, San Francisco.

Buchner, Dietrich (Hrsg.) (1998): Service Excellenz, Wiesbaden.

Carlzon, Jan (1989): Alles für den Kunden, Frankfurt.

Conger, J. A. (1993): Learning to Lead (The Art of Transforming Managers into Leaders), The Jossey-Bass Management Series, San Francisco.

Deller, Jürgen/Kendelbacher, Inga (1998): Potenzialeinschätzung von oberen Führungskräften im Daimler-Benz-Konzern, in: Kleinmann, Martin, Strauss, Bernd (Hrsg.): Potenzialfeststellung und Potenzialentwicklung, Göttingen (Verlag für Angewandte Psychologie), S. 133 ff.

DePree, M. (1990): Die Kunst des Führens, Campus Verlag, Frankfurt/Main, New York.

Dixon, Nancy M. (1993): Developing managers for the learning organization, in: Human Resource Management Review, 3. Jg, Heft 3/1993, S. 243 ff.

Dixon, Nancy M. (1994): The organizational learning cycle. How we can learn collectively, London (McGraw-Hill).

Kouzes, J. M./Posner, B. Z. (1991): The Leadership Challenge, Jossey-Bass Publisher, San Francisco/Oxford.

Lombardo, M. M./McCauley, C. D. (1993): Benchmarks: Developmental Reference Points for Managers and Executives – A Manual and Trainer's Guide, Center for Creative Leadership.

McCauley, Cynthia D./Douglas, Christina A. (1998): Developmental relationships, in: McCauley, Cynthia D., Moxley, Russ S., Van Veslor, Ellen (Hrsg.): The Center for Creative Leadership handbook of leadership development, San Francisco (Jossey-Bass), S.160 ff.

McBer (1993): Leadership Competency Inventory (LCI), McBer & Company, Training Ressource Group.

Ordiorne, George S. (1985): Strategic management of human resources (Jossey-Bass), San Francisco.

Pincot, G. (1988): Intrapreneuring: Mitarbeiter als Unternehmer, Gabler, Wiesbaden.

Progoff, Ira (1975): At a journal workshop. The basic text and guide for using the intensive journal (Dialogue House Library), New York.

Quinn, R. E. (1992): Competing Values (PRISM1), Jossey-Bass Publishers, San Francisco.

Schircks, Arnulf D. (1994): Management Development und Führung, Verlag für Angewandte Psychologie, Göttingen.

Senge, P. M. (1990): The fifth Discipline: the art and practice of the learning organization, Currency Doubleday, New York.

Tichy, N. M./Sherman, S. (1993): Control your destiny or someone else will, Currency Doubleday, New York, London, Toronto, Sydney, Auckland.

Tominaga, Minoru (1996): Die kundenfeindliche Gesellschaft, Düsseldorf.

Walther, George (1995): Sag, was Du meinst, und Du bekommst, was Du willst, Düsseldorf.

Wildenmann, Bernd (2000): Professionell Führen – Empowerment für Manager, die mit weniger Mitarbeitern mehr leisten müssen, Luchterhand Verlag, Kriftel, 5. Auflage.

Wildenmann, Bernd (2000): Die Persönlichkeit des Managers, Verlag für angewandte Psychologie, Göttingen.

Personalentwicklung effizient und effektiv gestalten

Die Personalentwicklung wird in vielen Unternehmen nicht in die Unternehmensstrategie eingebunden. Angesichts von Wettbewerb und Kostendruck stehen Sie als Personalentwickler in Unternehmen und Verwaltungen heute aber genau vor diesem Problem, das im Mittelpunkt dieses Buches steht.

Die Autoren beschäftigen sich mit der Verbindung von Unternehmensstratgie und Personalentwicklungsstrategien, Fragen der Seminarlogistik, der Steuerung der externen Trainer bis hin zur DV-Unterstützung.

*Herbert Einsiedler/
Kathrin Breuer/
Sabine Hollstegge/
Matthias Janusch*
Organisation der Personalentwicklung
*Strategisch ausrichten,
zielgenau planen,
effektiv steuern
1999, 290 Seiten,
gebunden,
DM/sFR 78,--/öS 569,--
ISBN 3-472-03323-1*

Die Themen:
▶ Auftrag der Personalentwicklung
▶ Strategische Personalentwicklung und Unternehmensplanung
▶ Planung und Gestaltung der Prozesse
▶ Operative Steuerung von Programmen
▶ Seminarentwicklung
▶ Bildungscontrolling
▶ DV-Unterstützung

Erhältlich im Fachbuchhandel
oder beim Verlag.

Postfach 2352 · 56513 Neuwied
Tel.: 02631/801-329·Fax:/801-210
info@luchterhand.de
http://www.luchterhand.de

VON PROFI ZU PROFI

Ziele als Motivatoren

Ziele mobilisieren beim Menschen ungeahnte Energien. In diesem neuartigen Lesebuch vermittelt der Autor Ihnen als Führungskraft die Begeisterung, die das Führen mit Zielen wecken kann: Er zeigt Ihnen auf, wie Zielsysteme in Unternehmen nicht in Bürokratie verkommen, sondern als Motivationsinstrument genutzt werden können.

Die Themen:
- Nichts bewegt mehr als ein Ziel
- Mickey Mouse-Ziele beinhalten keinen echten Zugewinn
- Die Fähigkeit zur persönlichen Vision
- Der Nutzen von Zielsystemen
- Der Prozess der Zielvereinbarung
- Die Kunst, Leistung und Menschlichkeit zu verbinden
- Was echte Ziele sind
- Fehler als Ansatzpunkte zur Verbesserung
- Führungsstil und Ziele

Bernd Wildenmann
Die Faszination des Ziels
Die neue Lust an der Mitarbeiterführung
2000, ca. 180 Seiten, gebunden,
ca. DM/sFR 40,–/öS 292,–
ISBN 3-472-04409-8
Erscheint IV. Quartal 2000

Erhältlich im Fachbuchhandel oder beim Verlag.

Luchterhand Verlag
Postfach 2352 · 56513 Neuwied
Tel.: 02631/801-329 · Fax:/801-210
info@luchterhand.de
http://www.luchterhand.de

VON PROFI ZU PROFI